초급·중급

바둑
처음 배우기

이상범 지음

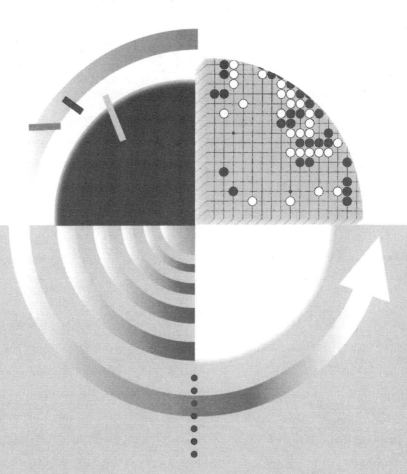

전원문화사

머리말

이 책은 바둑 처음 배우기 ·입문편· 후속으로 초급에서 중급까지의 사활과 수상전을 위한 기본적인 기술과 포석의 기초지식을 다루었다.

1부에서는 바둑에서 필요한 기본적인 테크닉을 다루었고, 2부에서는 자신의 돌을 살리는 법과 상대의 돌을 죽이는 바둑에서 가장 흥미있는 수상전과 사활에서의 승리를 위한 테크닉을 그 내용으로 구성하였고, 3부에서는 초급자들이 포석단계에서 필요로 하는 화점과 소목에서의 포석요령과 포석 후에 일어나는 여러 가지의 환경변화와 테크닉을 다루었다. 4부에서는 포석의 훈련을 위해 여러 유형의 문제풀이로 구성하였다.

저자는 이 책에서 사활과 수상전에서 이기기 위한 기술적인 내용을 집중적으로 다루었고, 이 책을 통해서 어떠한 경우에 사활의 문제가 발생하며 또 불가피하게 사활이 발생했을 때 자신의 승패를 판단하기 위해 도움이 되는 여러 가지 테크닉을 소개하였다. 기초 이론, 그 자체에 있어서 초급자와 중급자의 차별이 있는 것이 아니다. 중급자 이상도 기초이론을 망각하여 실전에서 실수를 하는 경우가 허다하다. 유단자의 경우에 같은 단 (段)에서도 승률의 차이가 나는 것은 이러한 기초이론을 누가 철저히 소화하여 실전에서 적절하게 활용하느냐의 차이에 따른 것이라고 하겠다.

여러분들이 중급, 고급, 유단자가 되기 위해서는 기본적인 테크닉에 대한 기초지식을 확고히 해야하므로 그 테크닉을 유형별로 철저히 이해해야 한다. 이 책을 마지막까지 읽어서 납득하신 분은 특히 바둑실전에 관한 상당한 지식을 가질 수 있다 하겠다.

저자 이상범

∞● 차 례 ●∞

3부

초반포석의 요령

4 부

포석 훈련장 ☞ 132문제

5 부

해 답

🍎 책 속의 보너스 **279**

1부
◆
기본수의 테크닉

1. 단수(單手)

백이라면 A와 B 어느 쪽으로 단수할 것인가?
정석을 알고 있다면 아무 것도 아닌 문제지만 어느 쪽을 단수하든
거기에는 그만한 이유가 따로 있다. 각각 다른 이유를 갖고 있는 것
이 바둑의 재미 · · ·

[기본도]

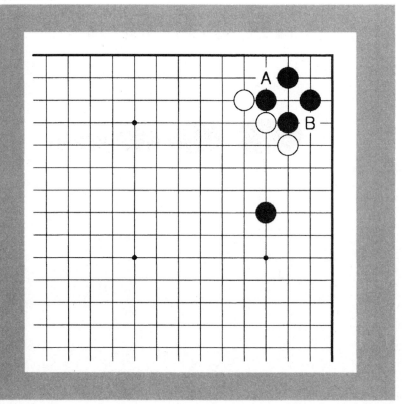

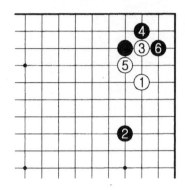

[그림 1] 기본도의 유래

❻은 과거에는 악수(惡手)라고 했으나 현대에는 그 반대로 좋은 수라고 평가한다. 바둑의 사고는 시대에 따라 변한다고 할 수 있다.

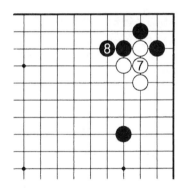

[그림 2] 백 모양이 사납다

⑦은 삿갓형이라는 나쁜 모양으로 이렇게 이어서는 백은 모양도 나쁘고 무겁다고 할 수 있다.

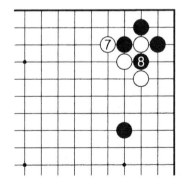

[그림 3] 바른 수순

백은 ⑦로 두는 이 한 수다.
다음 ⑨를 어디에 두어야 하나?
이것이 [기본도]에서 던져 준 문제이다. 다음 [그림 4]에서 기본형의 답을 찾아보도록 하자.

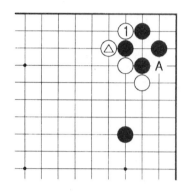

[그림 4] 방향의 결정

①로 위쪽으로 단수한다.

△로 단수한 방향으로 연속한다고 기억하면 좋을 것이다. A로 단수하는 수는 주변상황에 따른 수로 ①이 올바른 방향이라고 할 수 있다.

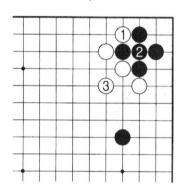

[그림 5] 상호절충

❷로 이음은 절대이며 백은 ③으로 모양을 갖추어 일단락된다.

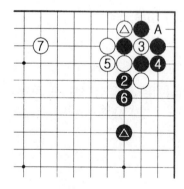

[그림 6] 백 유리

그런데 백△의 단수에 ❷로 끊으면 ③으로 따고 ❻까지 되는데 이로 인해 백은 ⑦로 3칸 벌리는 여유까지 생긴다. 반대로 흑은 ▲가 너무 근접해 있어 중복이고, 백 A로 끊기는 맛까지 남게 되어서는 불만이다.

2. 빵때림

흑은 어떻게 두어야 할까?
백 A로 나오는 축은 백이 불리하다고 판단될 때 흑은 이 형을 선택
하게 된다. 백은 축머리를 이용하는 작전을 세울지도 모른다.

[기본도]

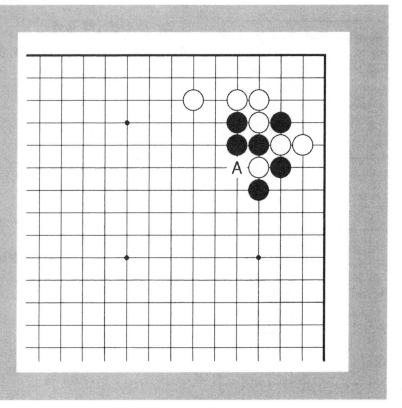

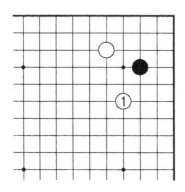

[그림 1] 대사(大斜)정석

[기본도]는 ①로 씌우는 대사정석에서 비롯된다.

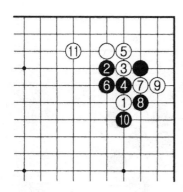

[그림 2] 기본도의 유래

❷로 붙여 ③으로 끼움에 ❹,❻으로 이으면 간명하다.

단, 이 경우는 흑이 ⑩으로 모는 경우 축이 유리해야 한다.

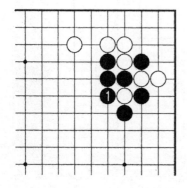

[그림 3] 알기 쉽게 빵

[기본도]의 정답은 ❶로 빵때려내는 것이며 절대수이다.

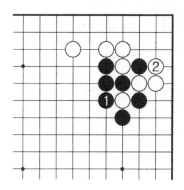

[그림 4] 흑의 선수

❶로 빵때림하면 ②로 흑 1 점을 잡는 것이 크다.   따라서 흑은 선수를 잡게된다.

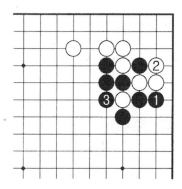

[그림 5] 선수와 후수의 차이

그런데 초보자라면 ❶로 막고 ❸으로 때려내는 수순을 두기 쉽다.
이것은 흑이 후수를 잡아서 좋다고 볼 수 없다.

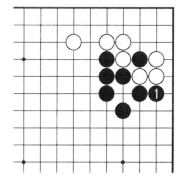

[그림 6] 한가한 수

[그림 4]와 [그림 5]를 비교해 볼 때 초반이라면 ❶은 급하지 않은 곳에 착점한 한가한 수로 흑은 후수를 잡게 되어 좋지가 않다.

3. 돌을 잡는 방법

기본도형은 돌을 잡는 경우에 가장 기본적인 맥이다.

백이 ①로 뻗으면 흑도 이에 응수해야 되는데 실전에서 자주 생기는 형태이다. 흑은 ◎를 어떻게 잡는 것이 올바른 방법인가?

이처럼 단순하다고 생각되는 곳에 허점이 발견될 수도 있다.

[기본도]

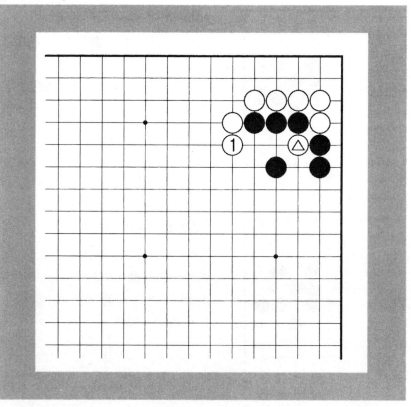

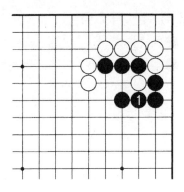

[그림 1] 정수

❶로 잇는 것이 정수이다.

그 이유는 다음에 이어지는 그림들에서 찾을 수 있다.

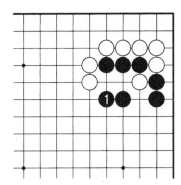

[그림 2] 상황에 따른 수

❶로 쌍립할 수도 있으나 이것은 주변상황에 따는 수로 정해라고는 볼 수가 없다.

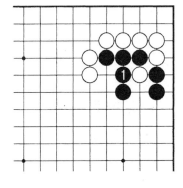

[그림 3] 악수

❶로 백 1점은 잡았지만 나중에 백에게 활용을 당할 소지를 내포하고 있는 악수이다.

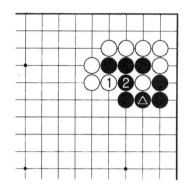

[그림 4] 백 소득 없다

흑이 ▲로 단수했을 때 ①로 꼬부려와도 ❷로 따내어 백은 아무 소득 없이 패감 1개만 손해를 보았다.

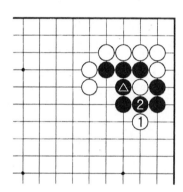

[그림 5] 맛이 나쁜 활용을 당하다

▲으로 잇는 수는 ①의 들여다보는 수로 활용을 당하게 된다. 장차 ①이 중요한 구실을 할 수도 있다.
실전에서는 이런 사소한 것조차도 승패를 좌우하게 된다.

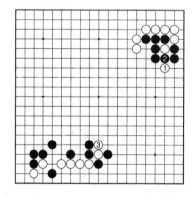

[그림 6] 축머리

①이 주변상황에 따라서 축머리가 될 가능성이 있다. ③으로 나가면 흑은 백을 축으로 몰 수는 없다.
왜냐하면 ①이 축머리의 역할을 멋지게 하고 있다.

4. 기대기

[기본도]

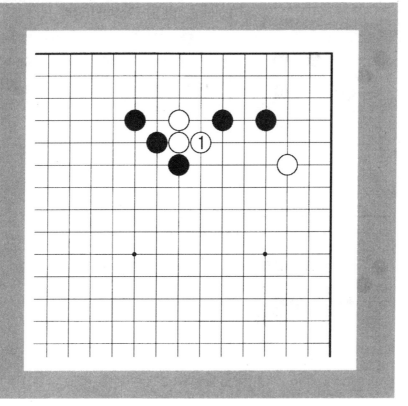

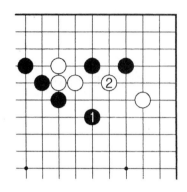

[그림 1] 직접적인 공격?

❶로 직접적인 공격을 하게 되면 ②의 들여다보는 맥을 유발시켜서 별로 좋지가 않다.

②는 기억해 두고 음미해 볼 만한 수이다.

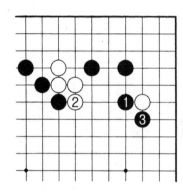

[그림 2] 간접적인 공격!

❶로 붙이는 기대기 전법을 이용한 간접적 공격이야말로 고등전술이다.

❶로 붙임에 ②로 도망가면 ③으로 백 1점을 제압하여 흑은 불만이 없다.

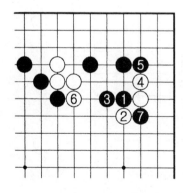

[그림 3] 백의 반발

백이 ②, ④로 두고 ⑥으로 도망치면 ❼로 끊는 것이 준엄한 수이다.

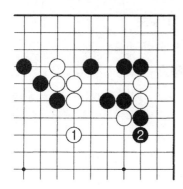

[그림 4] 흑 이익

①로 한 칸 뛰면 ❷로 늘어 흑에게 큰 이익이다.

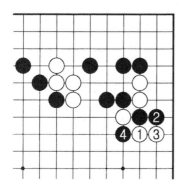

[그림 5] 백의 저항

①, ③으로 저항하면 ❹로 끊는 것이 맥이다.

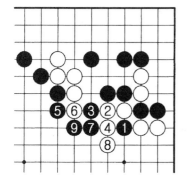

[그림 6] 한가한 수

❶에 ②로 나가면 ❸, ❺로 상변 백 4점을 포위한다. 혹시나 하는 생각에 ⑥으로 저항하지만 ❼, ❾로 결국은 상변의 백은 탈출이 불가능하게 된다.

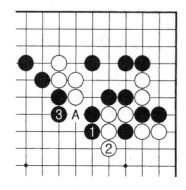

[그림 7] 수순

❶을 먼저 할 필요는 없다.

물론 ❸으로 백은 여전히 탈출이 불가능하지만 이렇게 되면 백은 A에 둘 이유가 없다. 백은 손을 빼서 선수를 잡게 된다.

바둑에서 선수와 후수의 차이는 느껴 본 사람만이 알 수 있다.

5. 들여다보기

백이 ①로 흑의 밭 전(田)자를 들여다보았을 때 흑의 응수를 알아
보기로 하자.

[기본도]

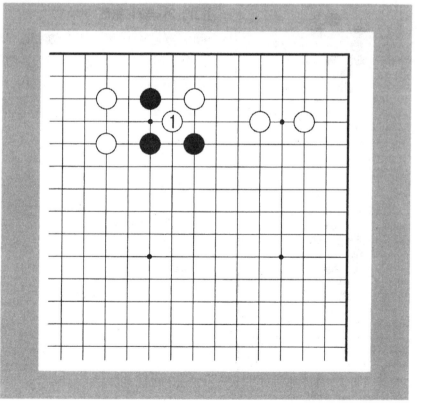

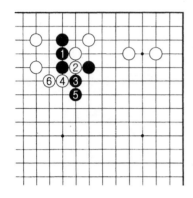

[그림 1] 잇는 방향?

당연히 ❶로 이어서 ②, ④로 끊을 때 ❺로 뻗는다.

백 모양에 자충의 맛이 있어 특별한 상황이 아니면 이런 모양을 들여다보지 않는 것이 좋다.

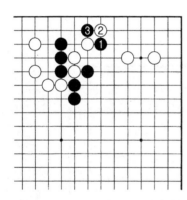

[그림 2] 흑의 응징

❶로 붙임에 ②로 젖히고 ❸으로 맞끊는 것이 흑의 모양을 정비할 수 있는 요령이다.

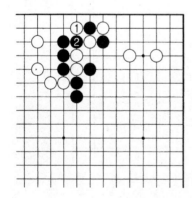

[그림 3] 백의 자충

계속해서 백이 ①로 흑 1점을 단수하면 ❷로 양단수한다.

백은 무엇을 했는지 모르겠다.

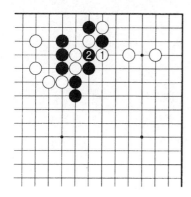

[그림 4] 마찬가지

만약 백이 ①로 흑 1점을 단수하면 ❷로 양단수해서 [그림 3]과 마찬가지의 결과이다.

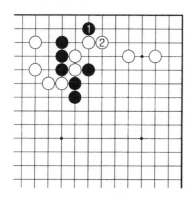

[그림 5] 방향착오

❶로 붙일 때 백이 젖혀 주면 좋을 텐데 백이 젖혀 줄 리 만무하다.
백은 ②로 참아 늘어두면 흑은 양분되어 사경을 헤매게 된다.

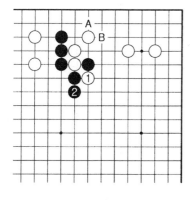

[그림 6] 끊는 방향

애초에 ①로 끊는다면 문제는 달라진다. 흑이 ❷로 뻗을 때 백의 차례이므로 앞에서와 같은 손해는 백이 방지할 수도 있다.

6. 먹여치기

흑이 ▲로 내려선 이유는 무엇일까?
"왜 저런 쓸데없는 수를 둘까 알 수가 없네."

그러나 과연 · · ·!

[기본도]

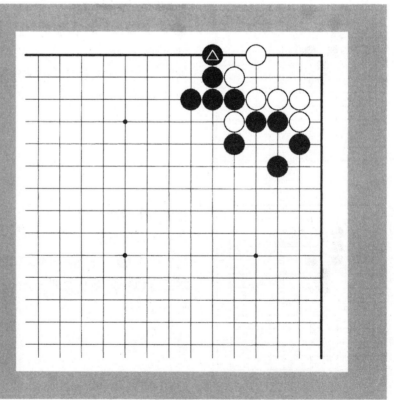

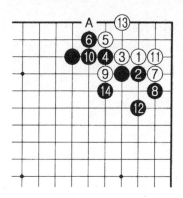

[그림 1] 기본도 유래

흑의 눈 목(目)자 굳힘에 ①의 3·三 침입.

그 다음 ⑭까지의 진행으로 거의 정석 화되었다.

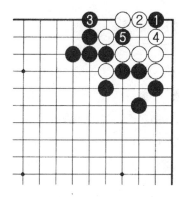

[그림 2] 끝내기라면 · · ·

❶, ❸, ❺까지 끝내기를 한 경우이다. 만족할 만한가?

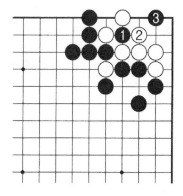

[그림 3] 백의 죽음

❶로 먹여치고 ❸으로 치중하면 귀의 백은 죽는다.

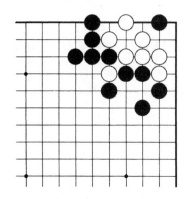

[그림 4] 사활의 확인

이것이 결과도 이다. 백이 어떻게 두어도 살 수 없음을 확인해 보자.

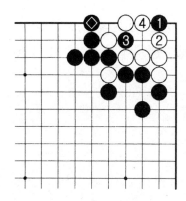

[그림 5] 수순착오

❶로 먼저 두는 것은 실패.
②로 붙는 맥으로 간단히 살아 버린다. ❶은 ◈가 없을 경우의 끝내기 맥이며, ◈가 있음에도 ❶로 둔다면 ◈를 제대로 활용하지 못한 수이다. 따라서 ◈는 쓸데없는 수로 전락되고 만다.

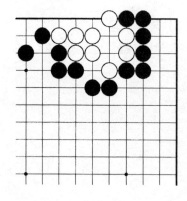

[그림 6] 문제풀이

백은 언뜻 살아 있는 것같지만 흑이 정확한 수순으로 둔다면 백을 잡을 수도 있다.

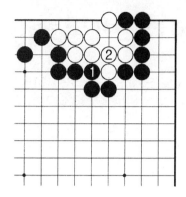

[그림 7] 흑의 실수

❶로 단수하는 것은 책략 부족으로 ②로 간단히 살아 버린다.

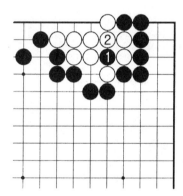

[그림 8] 먹여치기

❶로 먹여치기가 멋진 맥이다.

계속해서···

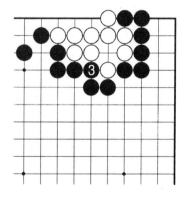

[그림 9] 옥집으로 만들다

❸으로 단수하면 백은 2집을 만들 수가 없다. 먹여치기는 실전에서 많은 위력을 발휘하므로 확실히 이해를 하자.

7. 선수로 손해보는 바보수

백이 A로 꼬부려 나오면 대다수는 선수이기도 하고 집으로도 이익이라고 생각할 것이다. 그러나 아무 생각 없이 이득을 탐하다가는 큰 손해를 보는 어리석은 경우도 있다.

[기본도]

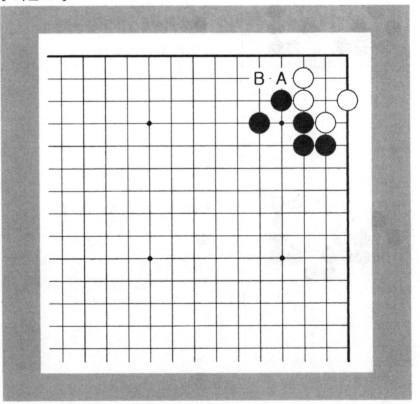

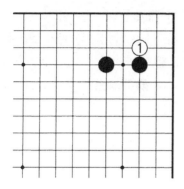

[그림 1] 응수 타진

흑의 1칸 굳힘에 ①의 붙임은 실전에서의 상용수단으로 흑의 응수를 타진하는 고등전술이라고 할 수 있다.

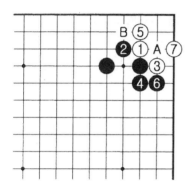

[그림 2] 흑의 선택

❷는 당연하며 ③의 젖힘에 ❹로 뻗음은 외세를 중시한 것이다.
(보통 ❹로는 A에 둔다.)
⑦로 백은 귀살이를 하고 있지만 백 B로 꼬부리는 수는 과연 백에게 이득일까?

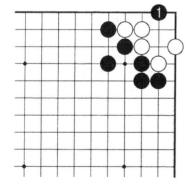

[그림 3] 흑의 응징

❶로 치중수가 있어 백집 안에서 수가 났다.

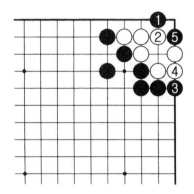

[그림 4] 패가 난다

❶의 치중에는 ②로 응수할 수밖에 없을 때 ❸의 내려섬이 좋은 수로 ④로 막을 때 ❺로 패하는 수가 있다.

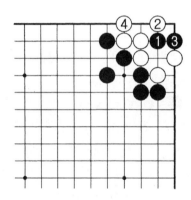

[그림 5] 방향착오

❶이 일견 급소로 보이지만 백을 도와주는 수로 ❸이면 ④로 산다.

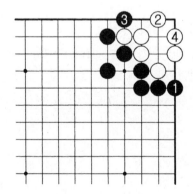

[그림 6] 끊는 방향

❶로 1선에 뻗는 맥도 일리는 있지만 ②로 살아 버린다. 흑 ❸의 곳과 백 ④의 곳이 맞보기로 2집을 내고 살 수 있다.

8. 배붙임

흑돌과 백돌이 서로 끊겨 있다.
우측의 흑 2점이 살기 위해서는 외부로 탈출은 불가능하고 귀의 백
2점을 잡아야만 살 수 있는 모양이다. 불가능하리라고 생각할 수
있지만 기상천외한 의외의 곳에 수가 있다.
그 곳이 어디일까?

[기본도]

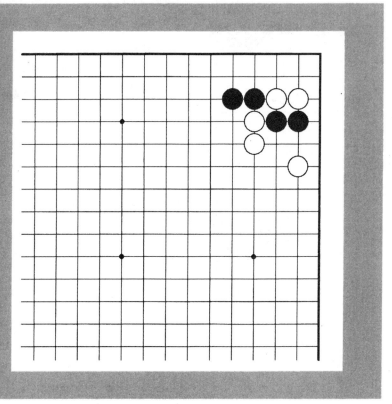

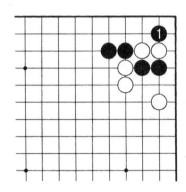

[그림 1] 앗 !

이런 수가 있었나?
잘 안 될 것 같은데 ···!

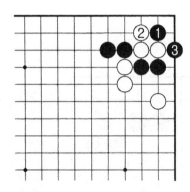

[그림 2] 진행

②로 둘 수밖에 없을 때 ❸으로 넘어
가면 수상전에서 흑의 승리.
다시 말해서 흑이 ❶로 붙여온 이상
백은 살 길이 없는 것이다. ❶을 가
리켜 「배붙이기」라고 한다.
꼭 기억해야지 ! !

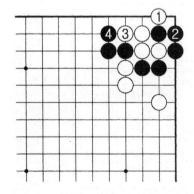

[그림 3] 백은 별수 없다

①로 단수하고 ③으로 발악해 봐야
흑에게 보태 주기만 한다.

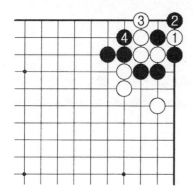

[그림 4] 백의 저항

①로 먹여쳐서 저항을 해도 ❹로 백은 자충이 되어 단수를 칠 수가 없다.

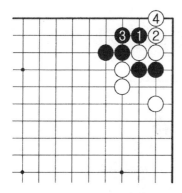

[그림 5] 범하기 쉬운 실수

❶로 먼저 두는 것은 실패.

②, ④로 백이 수상전에서 1수 빠르다.

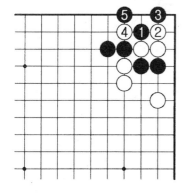

[그림 6] 패는 불필요

맥(脈)에 약간 밝은 사람은 ❶, ❸, ❺로 패를 할지도 모른다. 그냥 잡을 수 있는 백말을 패로 잡는 바보는 없겠지!

9. 회돌이

흑돌 1점인 ⚫가 외롭게 떠있다. 귀를 지키려고 ❶로 붙였을 때
백은 무심코 ②로 내려선 것이다. 흑에게는 ⚫와 귀의 흑을 연결
할 수 있는 절호의 기회가 생겼다.

[기본도]

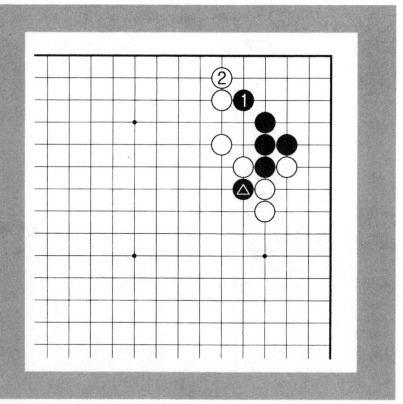

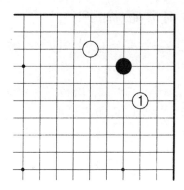

[그림 1] 기본도의 유래

[기본도]는 우상귀 화점의 흑돌을 백이 양걸침한 형태에서 생겨났다.

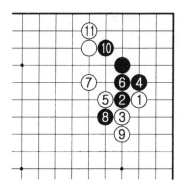

[그림 2] 진행

흑 ❷, ❹로 호구치고 ⑦에 ❽로 끊어서 생긴 모양이다. 흑이 ❿의 응수타진에 ⑪로 내려선 것인데 · · ·.

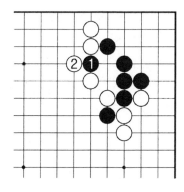

[그림 3] 흑의 응징

❶로 끼우면 ②는 필수.

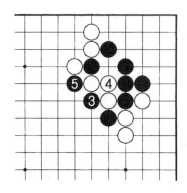

[그림 4] 통쾌한 회돌이

❸으로 단수 몰고 ④로 이을 때 ❺의 회돌이로 백 3점은 환격에 걸려서 잡히게 된다. 수비를 소홀히 한 백을 철저히 응징했다고 할 수 있다.

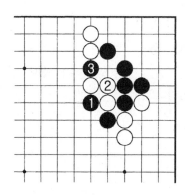

[그림 5] 수순착오

먼저 ❶로 성급하게 단수치면 백에게 반발할 여지를 준다. ❸으로 끼우면 그 다음은 ····.

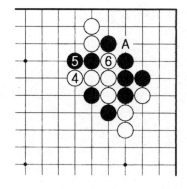

[그림 6] 백의 반발로 흑 대망

백은 ④로 반발하면 흑이 욕심부려 ❺로 몰면 ⑥으로 끊어 흑은 한 것이 없고 만신창이가 된 흑돌을 추스르기가 바쁠 것 같다.

10. 내려서기

백은 살아 있는 것인가?
No, 흑이 먼저 두면 백을 잡을 수가 있다.
그 곳이 어디일까?

💡 끝내기로도 큰 곳이다.

[기본도]

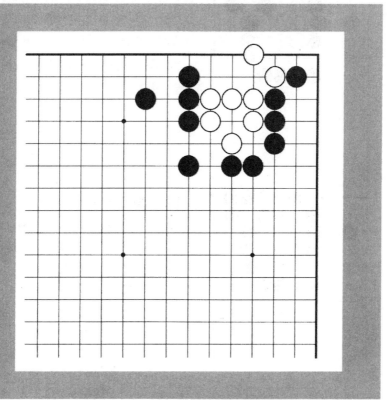

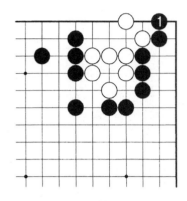

[그림 1] 아하 !

매우 간단한 수였군.
그런데 다음에는 어떻게 해야하나 갈
수록 태산이네.

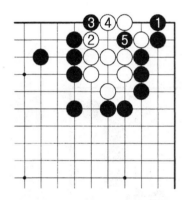

[그림 2] 먹여치기

②로 백집을 넓힐 때 ❸으로 젖히는
것이 침착한 수 ④로 막으면 ❺라는
비장의 무기인 「먹여치기」로 강타.
백 사망.

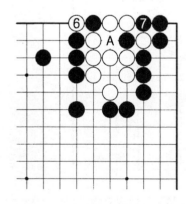

[그림 3] 그래 봐야 옥집

⑥으로 흑 1점을 때려내도 ❼로 때낸
다. 현재 백은 1집 + 옥집 = 사망.
그러므로 백은 죽어 있는 것이다.

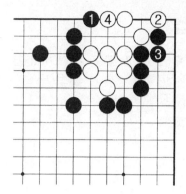

[그림 4] 흑 실수

❶의 마늘모로 붙이는 수는 백을 살려주는 이적수(利敵手)이다. ②로 젖히면 ❸은 필수. 이 때 ④로 간단히 백을 살려 준다.

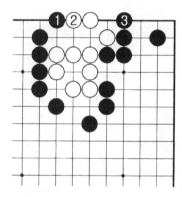

[그림 5] 상황에 따라서는

주변상황에 따라서는 ❶로 먼저 두는 것이 정답일 수도 있다. 귀에서 조금 벗어난 [그림 5]가 이 경우에 속한다.

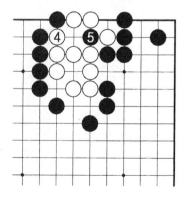

[그림 6] 역시 먹여치기

내려서 있는 흑돌의 위력으로 먹여치기가 성립함을 명심하라. 내려서기의 어시스트(assist)가 있었기 때문에 먹여치기로 골을 넣을 수 있는 것이다.

11. 조이는 방법

접바둑에서 흔히 생기는 형인데 이 경우는 흑이 잘못 두었기 때문에 나쁜 결과가 생기는 형이 되었다. 과연 흑이 어떻게 잘못 두었기에 그런가? 백은 그 잘못을 예리하게 추궁해야 한다.

💡 귀의 백 2점을 살려내야 한다.

[기본도]

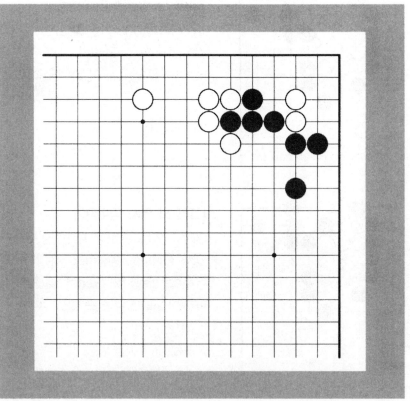

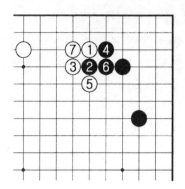

[그림 1] 기본도의 유래

[기본도]는 ❷, ❹붙여 막는 것은 초보자들이 흔히 선택하는 속수로 이렇게 두는 것이 귀를 크게 확보하는 것으로 생각하지만 실상은 그렇지 않다.

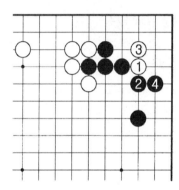

[그림 2] 이런 수가 !

①로 붙이는 맥이 통렬하다.
백이 안 될 것처럼 보이나 의외로 탄력성이 많다.

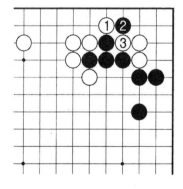

[그림 3] 2번째 강타 !

①, ③으로 끊는 수가 흑의 취약점을 찌르는 무서운 수로 흑은 잘못하면 폐가망신(廢家亡身)한다.

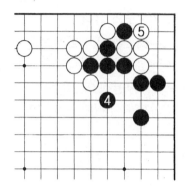

[그림 4] 백은 크게 산다

흑은 ❹로 지킬 수밖에 없는데 ⑤로 백은 크게 산다. 이렇게 마구 짓밟혀 서는 흑도 참을 수가 없다.

그래서 참다 못한 흑은 반발하기로 하 는데, 이것이 더 큰 화(禍)를 부를 줄 이야···

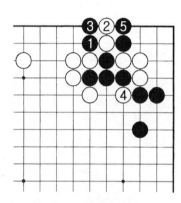

[그림 5] 흑의 발악

❶로 반발이 성립할 것 같지만 움직 이면 움직일수록 더욱 깊이 빠져드는 늪과 같은 상황이다.

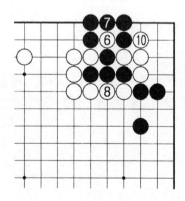

[그림 6] 흑이 1수 부족

⑥으로 먹여치기가 최후의 일격으로 흑은 전멸하게 된다. 백이 3번의 강펀 치로 흑을 *K. O.* 시켜 버렸다.

❾는 ⑥의 자리에 이음

12. 수늘임

백은 4수 흑은 3수 흑이 먼저 두어도 수상전에는 상식적으로는 이길 수가 없는데 백의 단점과 자충을 이용하여 흑의 수를 늘려 우측 백 4점을 잡는 수가 있다. 그 곳이 어디일까?

[기본도]

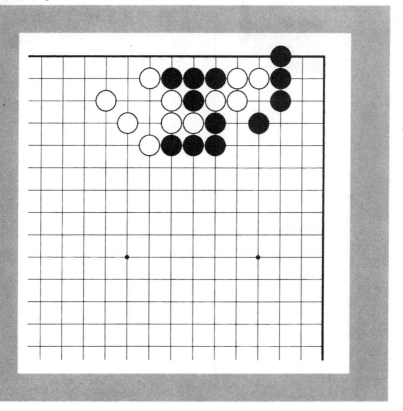

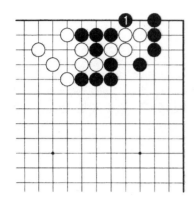

[그림 1] 수순착오

수순이 잘못 되었다.

일감 맥으로 보이지만 [그림 3]에서 보면 ❶이 시기상조였다는 것을 알 수 있다.

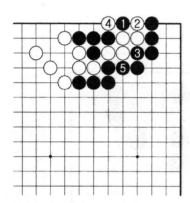

[그림 2] 흑 혼자만의 망상

백이 ②로 받아 준다면 흑은 ❸, ❺로 몰아 회돌이로 백을 잡을 수 있지만 이것은 흑의 혼자만의 생각.

백은 이렇게 바보같이 응수하지 않는다.

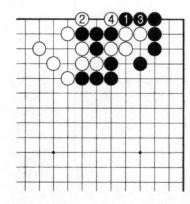

[그림 3] 흑이 망하다

❶에 백은 ②로 바깥에서 조여 오면 ❸에 ④의 환격으로 흑이 망한 꼴이다.

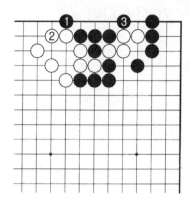

[그림 4] 백의 단점을 이용

❶로 젖히면 백도 양단수가 되므로 ②로 받는 것은 절대. 이 때 ❸으로 젖힌다.

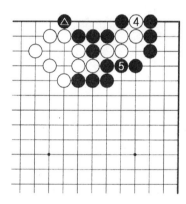

[그림 5] 수를 늘이는 맥

⬣로 젖히는 수의 위력으로 흑이 수상전에서 이기게 된다. ④로 차단하면 ❺로 뒤에서 몰아 백이 죽는다.

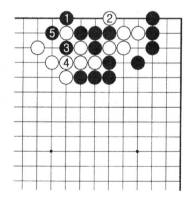

[그림 6] 백은 더 망하다

❶에 ②로 반발하면 ❸, ❺로 백 1점을 따내어 아까보다 백은 더 피해를 본다.

● 혈액형으로 알아보는 기풍의 차이 ●

● **O형**　화점(花點)은 O형의 기풍

O형의 특징
힘을 위주로 싸움을 즐기는 무사계급과 같은 성격

화점의 특징
- 화점은 세력선, 싸움선인 4선에 위치한다.
- 화점에서 귀를 지키려면 3수가 필요하다.
- 화점에서 굳힘은 휴식(부상)을 의미하는 것이고, 화점에서 벌림의 이상형은 양날개 벌림이다.

기풍진단
O형은 화점을 자주 사용하는 것이 이상적인 기풍이라고 생각한다. 기풍이란 각 대국자의 바둑스타일이 아닌가. 자기 스타일대로 두는 바둑은 승패를 떠나 자기자신의 가치판단 하에서 이루어지는 게임이다. O형의 기풍은 대국 중 주위환경에 별로 영향을 받지 않는다는 것이 특징.

O형의 한국프로기사
김인 9단, 서봉수 9단, 양재호 9단, 최명훈 6단.

O형의 일본프로기사
후지사와 슈코(藤澤秀行) 9단, 요다 노리모토(依田紀基) 9단, 류시훈 7단.

☞ 152쪽에 계속

2부

◆

맥과 급소의 수순

1. 자충

자충(自充)을 좁은 의미로 해석하면 자기 스스로 공배를 메워 더 둘 수 없는 상황을 말한다. 더 두게 되면 자기의 돌이 단수에 걸려 즉시 상대가 자기 돌을 따낼 수 있는 상황이다. 이 상황은 호구의 원리와 같다. 자충을 넓은 의미로 해석하면 자기에게 불리한 공배를 메우는 행위를 총칭하기도 한다. [그림도우미] 1, 2, 3, 4 의 경우 백은 A의 곳에 둘 수 없는 상황이다. 두는 즉시 백은 단수가 되며 흑은 "웬 떡이냐!" 하면서 백돌을 따내기 때문이다. 자충도 열 받는데 누가 그런 바보 같은 짓을 하겠는가!

[그림도우미]

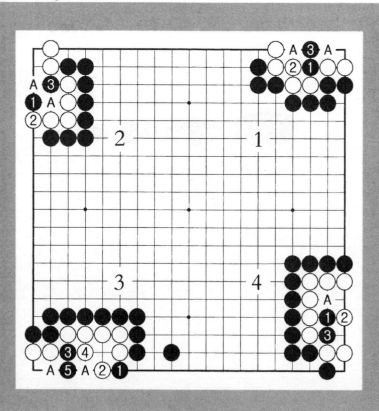

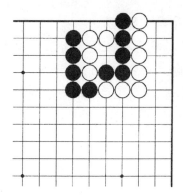

예제 1 수상전

흑은 2수, 백은 3수로 수상전에서 단연 백이 승리할 것이라고 믿으면 오산.

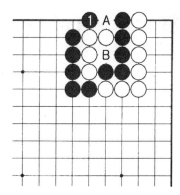

[풀이] 백의 자충

흑이 백의 자충을 이용하여 둔 수가 ❶이다. 이제 백은 A, B 모두 자충이 되는 자리라 둘 수가 없다. 만약 그곳에 둔다면 흑이 때려낼 것이 분명하기 때문이다.

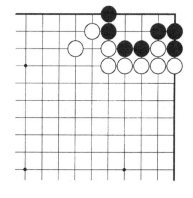

예제 2

귀의 흑은 6집. 그러나 아직은 약점이 있어 흑은 가일수를 해야할 상황인데 살았다고 착각하고 손을 뺐다. 백은 참을 수가 없다. 수비를 게을리 한 흑에 대한 응징은 · · ·

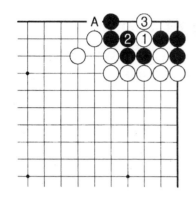

[풀이] 흑의 양자충

①이 흑을 양자충으로 유도하는 수이다. ❷로 이으면서 ①을 단수할 수밖에 없을 때 ③으로 내려서면 어떻게 되는가? 하! 하! 하!

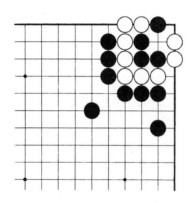

예제 3 사석작전을 이용한 자충

귀의 백은 흑 4점을 잡고 살아 있는 것 같다. 잡혀 있는 흑 4점을 이용해 백을 때려잡는 수는 없을까?

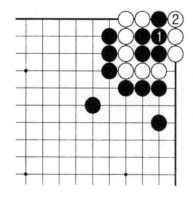

[풀이] 지프형 5궁

있다!

❶로 이어 5점으로 키워 사석작전으로 백을 잡는 수가 있었던 것이다. 백이 흑 5점을 따면 다시 ❶의 자리에 치중하면 백은 죽게 된다.

☞ 시스템사활 1 (궁도·급소사활 편)· 19쪽/
전원문화사 펴냄 참조

자충 마스터 20문제

1 백 차례

백은 2수 흑은 3수 자충을 이용해
흑을 잡을 수 있을까?

2 흑 차례

흑은 아직 죽지 않았다.

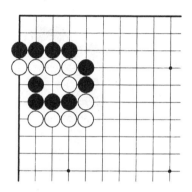

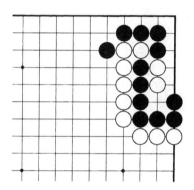

3 흑 차례

흑과 백 모두 2수입니다.
잘 될까?

4 백 차례

흑을 잡는 수는?

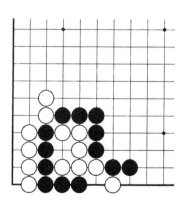

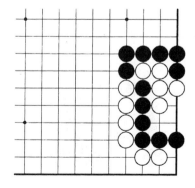

자중 마스터 20문제

5 흑 차례

기억하는가?

6 흑 차례

흑은 절단되어 있다. 연결할 수만
있다면 좋겠는데 · · ·

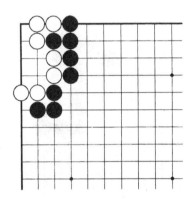

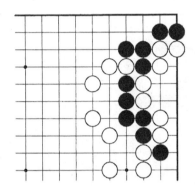

7 백 차례

백 5점을 살리려면 아래 흑을
공격해야 되는데 그 수순은?

8 흑 차례

백을 잡는 방법은 없을까?

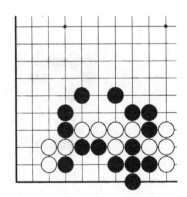

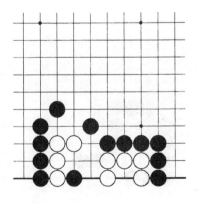

자충 마스터 20문제

9 흑 차례

흑이 사는 방법은?
무심코 두면 실패하기 쉽다.

10 흑 차례

흑을 살리는 수순은?

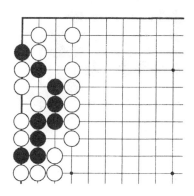

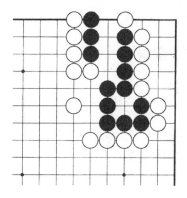

11 백 차례

흑을 잡는 수순은?

12 흑 차례

백을 잡는 수는?

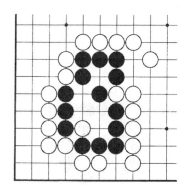

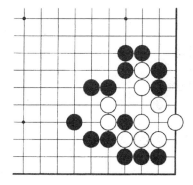

자충 마스터 20문제

13 흑 차례

백을 잡는 수순은?

14 흑 차례

백을 잡는 수순은?

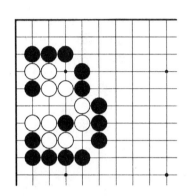
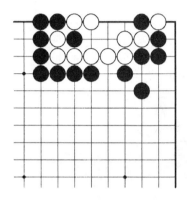

15 백 차례

흑을 잡는 수순은?

16 흑 차례

양자충으로 백을 잡는 방법은 없을까?

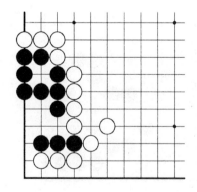
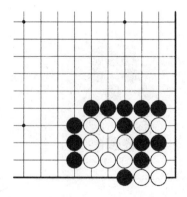

자충 마스터 20문제

17 흑 차례

흑이 사는 방법은?
무심코 두면 실패하기 쉽다.

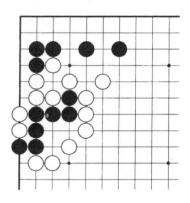

18 흑 차례

백 4점을 잡아라.

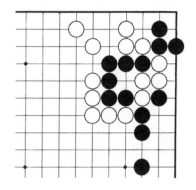

19 백 차례

쌍립으로 마주보고 있는 백돌
4점을 잡는 수순?

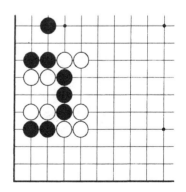

20 흑 차례

흑 4점이 죽었다고 생각하면 큰
오산.

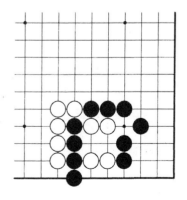

2. 먹여치기

자기 돌을 희생타로 상대에게 잡도록 유도한 후 더 큰 이득을 보려
는 테크닉이다. 이 테크닉에 사용되는 돌의 수는 보통 1개지만 2개
를 먼저 잡도록 한 후 다시 1개를 먹여질 수도 있다. 이 테크닉은
촉촉수, 회돌이로 잡거나 옥집을 만드는 데 주로 사용하지만 환격도
일종의 먹여치기 테크닉에 해당된다고 할 수 있다.
[그림도우미]에서 1, 2는 **옥집**을 만드는 먹여치기이며 3, 4는 **촉촉
수**를 유도하는 먹여치기이다

[그림도우미]

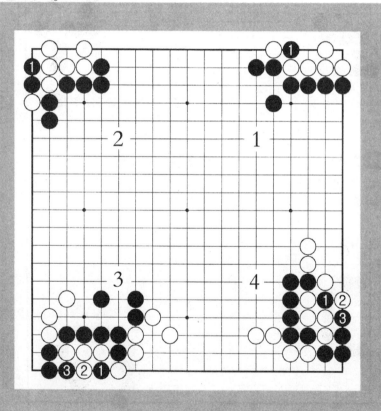

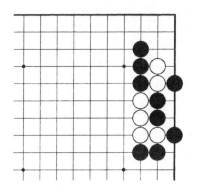

예제 1 먹여칠 곳은?

분단된 백을 연결시키는 수를 찾아야
한다. 그러기 위해서는 우변의 흑돌의
일부를 잡아야 하는데 먹여치기를 이
용해야 할 것 같다.
그러면 어느 곳을 먹여쳐야 효과적으
로 백을 연결할 수 있을까?

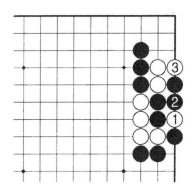

[풀이] 흑의 자충

①의 먹여치기로 ❷로 따도 ③으로
단수하면 흑은 ①의 자리에 이을 수
가 없다. 왜냐하면 자충으로 백이 흑
돌을 모두 때려내기 때문이다.

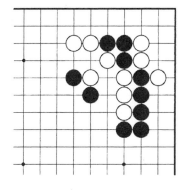

예제 2 풍전등화인 귀의 흑 3점

특명!

무조건 살려야 한다. 상변 귀쪽에 있
는 흑 3점을.

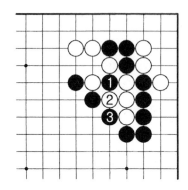

[풀이] 흑의 양자충 (정답)

❶로 먹여치는 강타로 백은 박살이 난다. ②로 이으면 ❸의 회돌이로 백은 자충이되어 죽음을 면치 못한다.

임무 완수 !

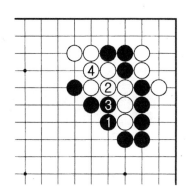

[풀이] 이적행위 (실패)

성급하게 ❶로 착수하면 백은 ②, ④로 이어 흑의 공격을 벗어난다.

반면 흑은 특명도 완수 못하고 도처에 끊기는 단점만 남기게 되는 이적행위를 하게 된다.

먹여치기 마스터 20문제

1 흑 차례

분단된 흑을 연결하라!

2 흑 차례

백 2점을 따면 연결이 될까?

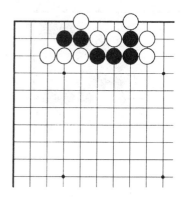

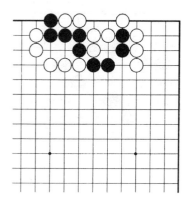

3 흑 차례

좌변의 붙어 있는 백 일단을 잡아 보자.

4 흑 차례

허술한 백의 귀를 유린해 보자.

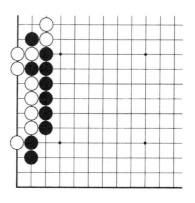

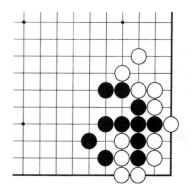

먹여치기 마스터 20분제

5 흑 차례

기억하는가?

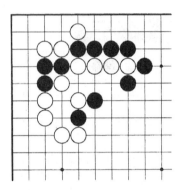

6 흑 차례

잡혀 있는 흑 3점을 잡을 수 있을까?

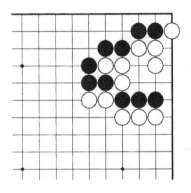

7 흑 차례

좌변 흑 5점을 살리려면 백을 잡아야만 하는데 그 수순은?

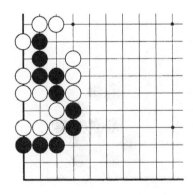

8 흑 차례

흑을 고스란히 죽인다면 피해가 너무 크다.

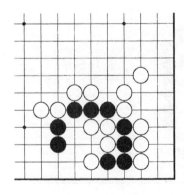

먹여치기 마스터 20문제

9 흑 차례

흑 전체가 위험하다.
흑이 사는 방법은?

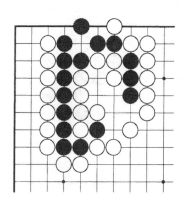

10 흑 차례

흑을 살리는 수순은?

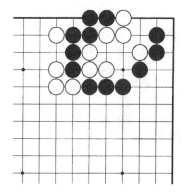

11 흑 차례

귀의 흑은 선수로 두어도 사는
수가 없다. 그렇다면 · · ·

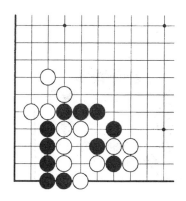

12 흑 차례

백을 잡아 폭리를 취하는 수는?

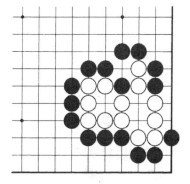

먹여치기 마스터 20문제

13 흑 차례

백을 잡는 수순은?

14 흑 차례

귀의 흑 2점이 살면 백은 산산조각
이 난다.

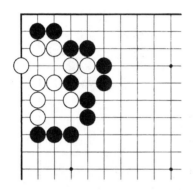

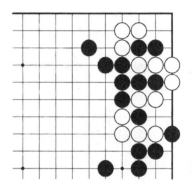

15 백 차례

흑을 잡는 수순은?

16 흑 차례

멋진 사석작전으로 백 전체를
잡는 방법은 없을까?

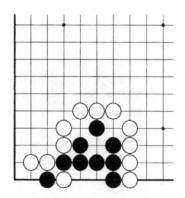

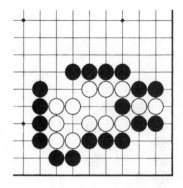

먹여치기 마스터 20문제

17 흑 차례

백을 잡아라.

18 흑 차례

백이 살아 있는 걸까?

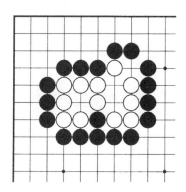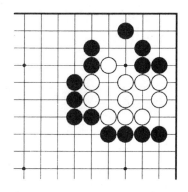

19 흑 차례

약간 어려운가?

20 흑 차례

그냥 잡을 수 있는 것을 패가 나면
실격.

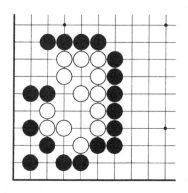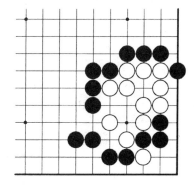

3. 끼우기

상대의 돌의 연결상태가 마늘모나 한 칸으로 연결되어 있으나 주위 돌의 배치에 따라 그 연결상태가 불완전하여 돌 2개가 아직 연결상태를 취하지 못했을 때 이 곳의 불완전한 연결점을 차단하는 수단을 말한다. 아래 그림을 보면 쉽게 이해가 간다.

[그림도우미] 1, 2, 3, 4에서 흑 ❶은 끼우는 맥(불완전한 연결의 차단)으로 백의 요석은 잡히게 된다.

[그림도우미]

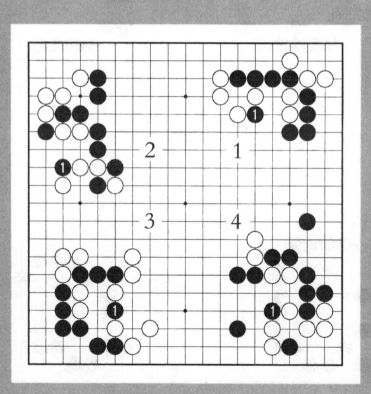

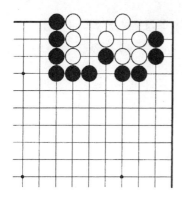

예제 1 옥집으로 · · ·

백이 살려면 2집을 만들어야 하고 반대로 흑이 백을 잡으려면 백에게 2집을 만들어 주지 말아야 한다.
흑이 먼저 둔다면 그렇게 할 수 있을까?

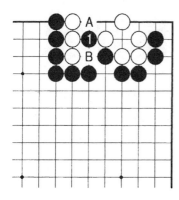

[풀이] 백의 자충

❶의 끼우기로 백은 죽었다.
백은 B로 두어 ❶을 단수할 수 없다.
왜냐하면 자충이기 때문에.
성급하게 ❶로 B에 두면 백이 ❶의 자리에 두어 2집 내고 산다.

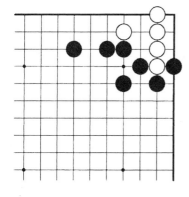

예제 2 쉽지 않네 !

백의 모양이 살아 있는 것처럼 보이만 끼우기 한 방이면 만사 OK !
그런데 어디로 끼워야 하나? 끼운 후 다음 수순도 만만치 않네.

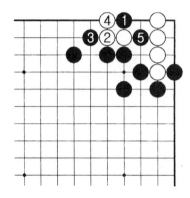

[풀이] 옥집으로 만들다 (정답)

❶로 끼우고 ❸, ❺로 회돌이로 몰면 옥집이 된다. 따라서 백 사망.

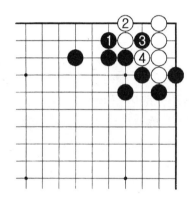

[풀이] 짧은 생각 (실패)

단순히 ❶로 막으면 ②, ④로 살아버린다. 흑은 마음씨도 참 좋게 백을 살려 주지만 백은 고마움은커녕 흑의 한심한 실력을 비웃을 것이다.

끼우기 마스터 12문제

1 흑 차례
복습의 차원에서 · · · .

2 흑 차례
끼움과 자충의 콤비네이션.

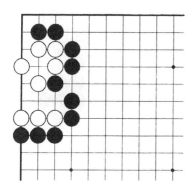

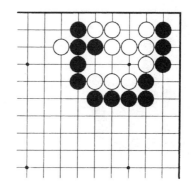

3 흑 차례
문제 2의 방법과 같다.

4 흑 차례
좌우동형은 · · · .

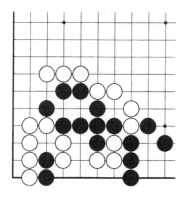

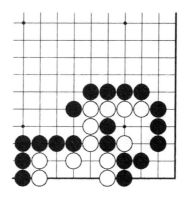

끼우기 마스터 12문제

5 흑 차례

좌변에서 백이 1집 내는 것을
방해해야 하는데 · · · .

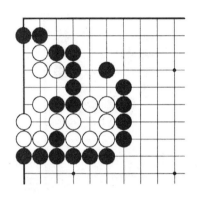

6 흑 차례

흑을 끼움과 자충으로 잡아 보자.

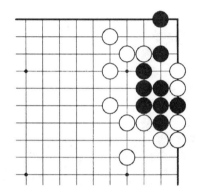

7 흑 차례

기억을 되살려 · · · .

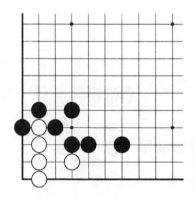

8 흑 차례

흑 4점을 살리는 문제.

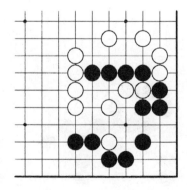

끼우기 마스터 12문제

9 흑 차례

귀에 백을 잡아야 좌변의 흑 5점이 산다.

10 흑 차례

흑 3점을 살리는 수순은?

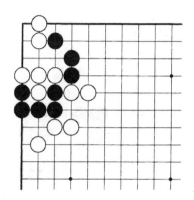

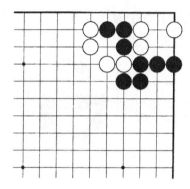

11 흑 차례

귀의 흑 3점을 살리는 수순은?

12 흑 차례

끼우기 전에 사전 작업이 있어야 한다.

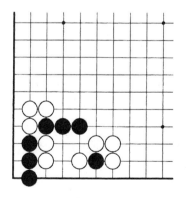

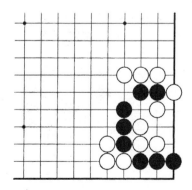

4. 조임수

자신의 돌을 희생타로 하는 사석작전과 먹여치기를 활용하여 상대의 수를 압박하여 줄이는 테크닉으로 수상전에서 반드시 알아두어야 할 테크닉이다.
아래의 그림의 진행을 보면 쉽게 이해할 수 있다.

[그림 1] 백이 살기 위해서는?   [그림 2] 진행

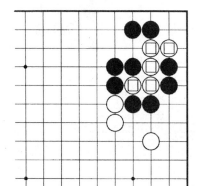
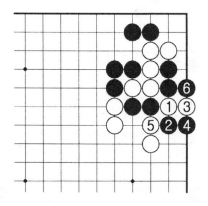

[그림 3] 진행 계속

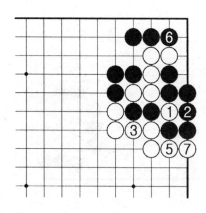

[그림 1]과 같은 상황일 때 언뜻 보면 백이 먼저 두어도 절대 수 부족으로 생각하여 백◎ 5점을 포기하기 쉽다. 그러나 조임의 테크닉으로 흑을 괴멸시키고 백◎ 5점이 살아오는 수가 있다. [그림 2]처럼 ①, ③을 사석으로 키워버리고 [그림 3]처럼 ①의 먹여치기와 조여가는 수순으로 백이 1수 빠르게 된다.

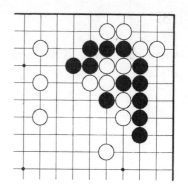

예제 1 백의 약점

상변의 흑 5점이 근거가 없이 생사의 기로 서 있다. 주위의 백을 잡고 살아야 하는데 조임수를 활용하여 백 4점을 잡는 수순은?

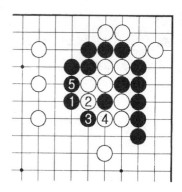

[풀이] 통쾌한 회돌이

먼저 ❺로 직접 단수치면서 나가는 수는 속수로 하수의 표본이다. ❶로 씌우는 수가 백을 조임수로 이 수로 백은 죽음을 피할 수 없다.

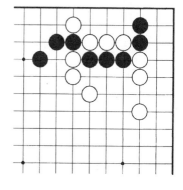

예제 2 산산조각난 흑

맞끊고 있는 백 3점을 잡는다면 흑에게 굉장한 이익일 텐데 · · · .

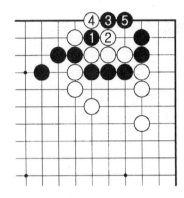

[풀이] 정답

❶로 끼우고 ❸, ❺로 회돌이로 몰면 백은 1수 부족. 따라서 백 사망.

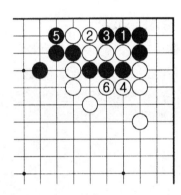

[풀이] 실패

단순히 ❶로 밀고 들어가면 그림에서와 같이 흑이 1수 부족이다.

조임수 마스터 16문제

1 흑 차례

축은 흑이 유리. 흑을 절단하고
있는 요석 백 3점을 잡아 보라.

2 흑 차례

백 2점을 잡아라.

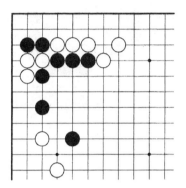

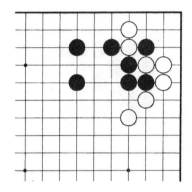

3 흑 차례

쌍립의 급소.

4 흑 차례

환격을 이용한 백을 자충으로 몰아
잡는 수순은?

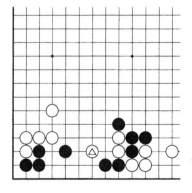

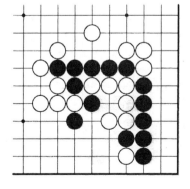

죠임수 마스터 16문제

5 흑 차례

좌변에서 백이 1집을 내는 것을
방해해야 하는데 ···.

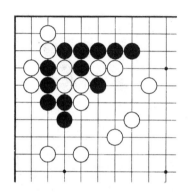

6 흑 차례

흑을 끼움과 자충으로 잡아 보자.

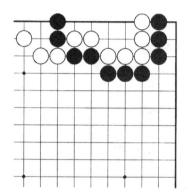

7 흑 차례

기억을 되살려 ····.

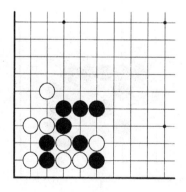

8 흑 차례

흑 4점을 살리는 문제.

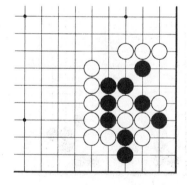

조임수 마스터 16문제

9 흑 차례

귀에 백을 잡는 절묘한 수순은?

10 흑 차례

앞의 문제를 풀었다면····.

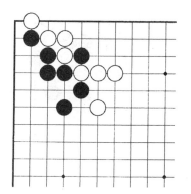

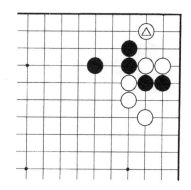

11 흑 차례

첫 수가 중요하다.

12 흑 차례 (9수)

문제 9, 10과 같은 맥락.

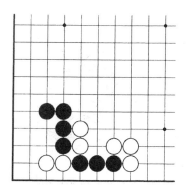

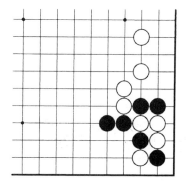

조임수 마스터 16문제

13 흑 차례 (9수)

귀에 백을 잡는 절묘한 수순은?

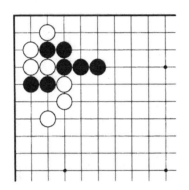

14 흑 차례

앞의 문제를 풀었다면 · · · .

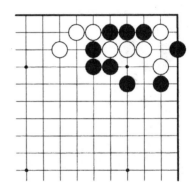

15 흑 차례

기억이 나는가?

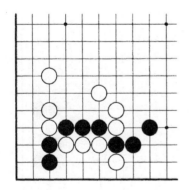

16 흑 차례

기상천외한 수로 조이는 방법이다. 처음 본 사람은 어려운 문제이다.

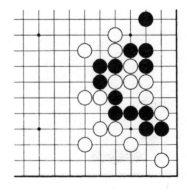

5. 모양의 급소를 찾는 법

사활과 수상전에 있어서 무조건 궁도를 넓힌다고 자신의 수가 늘어 나거나 2집을 내고 사는 것은 아니다. 처해진 상황에서 정확히 모 양의 급소를 찾아서 착점을 하느냐 그렇지 못하느냐에 따라 생살부 (生殺簿)의 운명이 정해진다. 왜냐하면 급소(急所)라는 뜻이 말 그 대로 삶과 죽음을 결정짓는 급한 곳이라는 의미이기 때문이다.

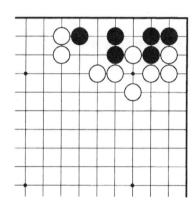

예제 1 흑이 사는 방법

모양의 급소를 찾아야 하는데 그 곳을 찾을 수 있을까? 찾는다면 당신은 어느 정도 급소의 형태를 판단하는 안목을 갖고 있다고 할 수 있다.

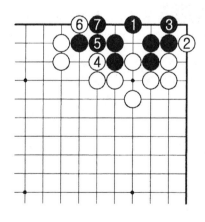

[풀이] 모양의 급소

❶이 바로 흑이 사는 모양의 급소 (急所)이다. 다른 수로는 어떠한 곳을 두어도 살 수가 없다.

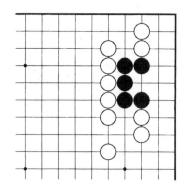

예제 2 흑돌의 생사는 ?

우변의 흑돌이 살기 위해서는 2집을 내야하는데 무조건 집을 넓히려고 하다가는 오히려 죽기 쉽다.

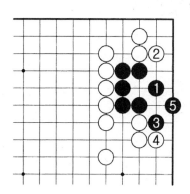

[풀이] 좌우동형의 급소 (정답)

❶로 자신의 모양을 지키기 위해 웅크리는 수가 여기서는 사는 급소이다. 위, 아래를 맞보기로 흑은 2집 내고 산다.

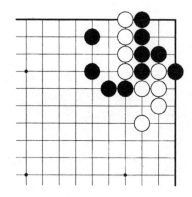

예제 3 백 4수, 흑 3수의 수상전

백은 4수 흑은 3수로 원칙적으로는 수상전에서 흑이 1수 부족이나 웅크리는 수로 백의 자충을 이용하여 흑의 수를 1수 늘리는 방법이 있다.

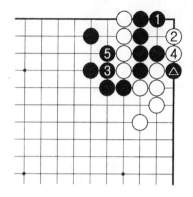

[풀이] 희한한 수 (정답)

❶로 웅크리는 희한한 수로 흑이 수상전에서 승리한다. 이 수는 우변에 1선으로 젖혀져 있는 흑△ 1점이 있어야 성립함을 명심하라.

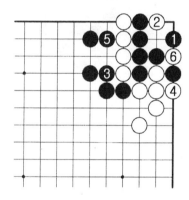

[풀이] 보통은 이렇게 (실패)

성급하게 ❶로 착수하면 백은 ②, ④로 패를 감행한다. 그래서는 실격이다.

모양의 급소 마스터 12문제

1 흑 차례

복습을 위하여···.

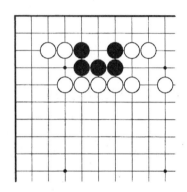

2 흑 차례

궁도를 무작정 넓힌다고 모두 사는
것은 아니다. 2집 못 나면 죽는다.

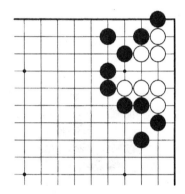

3 흑 차례

흑은 2집을 내야 한다.

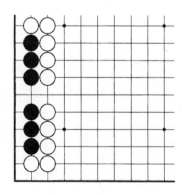

4 백 차례

백이 2집 날 수 있을까?

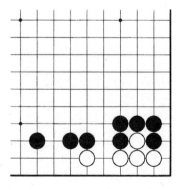

모양의 급소 마스터 12문제

5 흑 차례

욕심이 과하면 자칫 화(禍)를 부를 수도 있다.

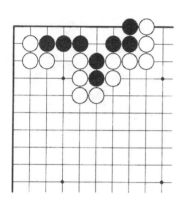

6 흑 차례

귀의 흑이 사는 수순은?

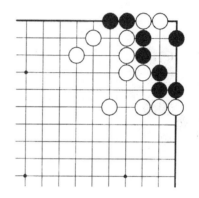

7 흑 차례

수상전에서 흑이 이기는 수순은?

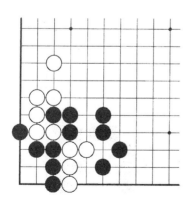

8 흑 차례

유명한 문제다.

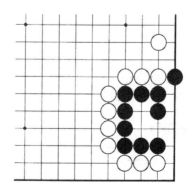

모양의 급소 마스터 12문제

9 흑 차례

백 5점을 잡는 수는?
경솔했다가는 큰일난다.

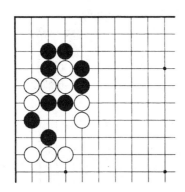

10 흑 차례

맞끊고 있는 백 4점을 잡는 방법
은?

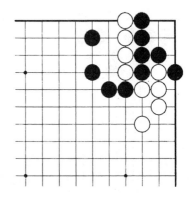

11 흑 차례

백을 잡는 수순은?
쉽게 생각했다가는 큰코다친다.

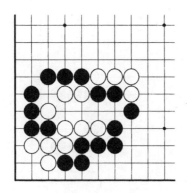

12 흑 차례

흑이 사는 수는?

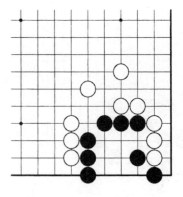

6. 1선에 뻗는 맥

1선에 뻗는 맥은 살려고 하는 경우나 잡으려고 하는 경우 둘 다 효과적인 맥이다. 거의 죽은 것은 돌이 부활(復活)하는 경우나 완벽히 살아 있는 것같은 돌이 죽는 기적과 같은 경우가 1선에 뻗는 맥에 의해서 발생하는 확률이 매우 높다.

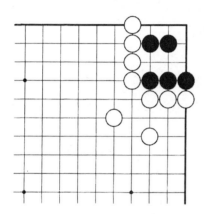

예제 1 흑이 그냥 살기 위해서는

흑은 어째 엉성해 보이는 것이 살기가 쉽지 않아 보인다.

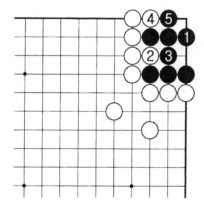

[풀이] 1선에 뻗는 맥

1선에 뻗는 흑 ❶이 바로 흑을 살리는 모양의 급소(急所)이다. 다른 수로는 어떠한 곳을 두어도 무조건으로는 살 수가 없다. ❶에 두면 그냥 사는 것을 패가 나서는 정답이라고 볼 수 없다.

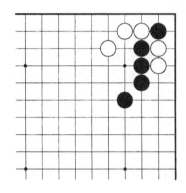

예제 2 수상전

2선의 흑 1점은 2수, 백 2점은 3수 흑이 한 수 부족이다. 그러나 1선에 뻗는 맥을 이용하여 상대를 자충으로 유도하는 수순이 있다. 그 곳은 어디인가?

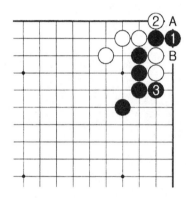

[풀이] 양자충

흑 1점의 2수가 백 3수와 수상전이 안된다. 그러나 1선에 뻗는 맥으로 흑을 3수로 늘리면서 백을 자충으로 유도하는 수가 ❶이다.

②에 ❸으로 백은 A와 B가 자충이 되어 들어오질 못한다.

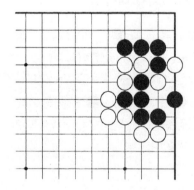

예제 3 흑의 약점

백선으로 흑 5점을 잡는 문제이다. 흑이 백 2점을 잡고 살아 있는 것처럼 보이나 흑에게는 자충의 약점이 아직 남아 있었다.

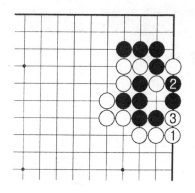

[풀이] 흑의 양자충 (정답)

①로 1선에 뻗는 맥이 흑의 자충을 유도하는 수로 ❷일 때 ③이면 흑 5점은 자충으로 인해 죽게 된다.

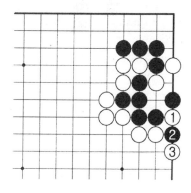

[풀이] 웬 패? (실패)

①, ③으로 패하는 수는 실격이다. 굳이 패를 할 필요가 없는 수이다.

1선에 뻗는 맥 마스터 20문제

1 흑 차례

복습을 위하여 · · ·.

2 흑 차례

앞의 문제를 풀었다면 · · ·.

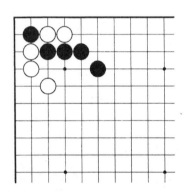

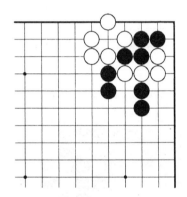

3 백 차례

복습을 위하여 · · ·.

4 흑 차례

하변의 흑 3점은 아직도 많은 맛이 남아 있다.

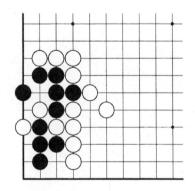

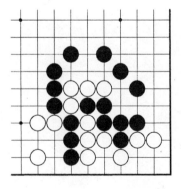

1선에 뻗는 맥 마스터 20문제

5 흑 차례

흑이 사는 수는?

6 흑 차례

흑이 사는 수는?

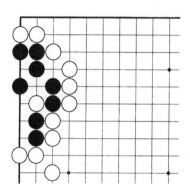

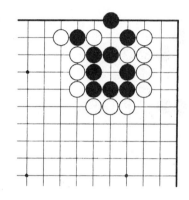

7 흑 차례

귀의 백을 잡아 보자. 그 수순은?

8 흑 차례

백을 잡을 수 있을까?

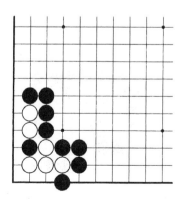

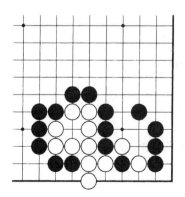

1선에 뻗는 맥 마스터 20문제

9 흑 차례

백을 잡고 흑 2점을 살려라.

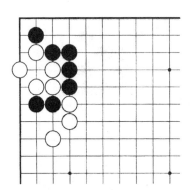

10 흑 차례

흑을 살리는 수순은?

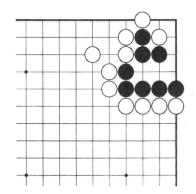

11 흑 차례

백을 잡는 수는?

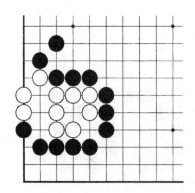

12 흑 차례

앞 문제와 비슷하다.

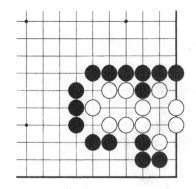

1선에 뻗는 맥 마스터 20문제

13 흑 차례

백을 잡는 수순은?

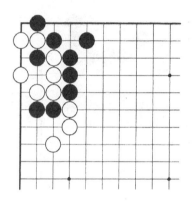

14 흑 차례

기가 막힌 수가 있다. 단순히 두면 촉촉수에 걸려들 염려가 있다.

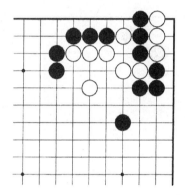

15 흑 차례

흑돌을 연결시키는 수순은?

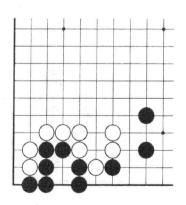

16 백 차례

흑 전체를 방법은 없을까?

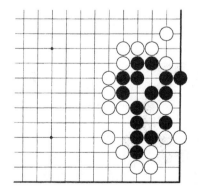

1선에 뻗는 맥 마스터 20문제

17 백 차례

흑을 잡는 수순은?

18 흑 차례

흑을 살리는 수순은?

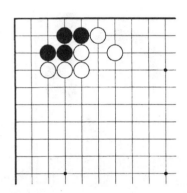

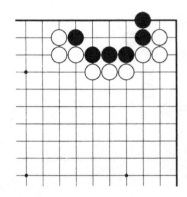

19 흑 차례

좌측 백돌을 잡는 수순은?

20 흑 차례

흑이 살기 위해서는 백 2점을 잡아야 한다.

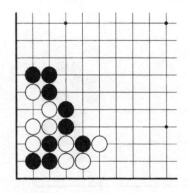

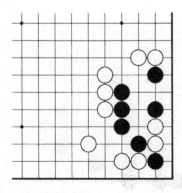

7. 호구(虎口)

호구(虎口)는 마늘모 2개가 결합된 모양으로 이 가운데 놓인 돌은 포위되어 잡히게 된다. 놓는 순간 단수가 되기 때문이다. 이 호구는 급소의 일종으로 탄력적인 수비를 하는 데 주로 사용된다.

그러나 잘 못 활용하면 상대의 들여다보기로 우형이 되거나 패감으로 이용될 가능성이 많다. 이 때의 호구는 정수(proper move)가 아닌 것이다.

[그림도우미]의 1, 2, 3, 4에서 흑은 ❶의 호구로 수비하는 것이 정수가 된다.

[그림도우미]

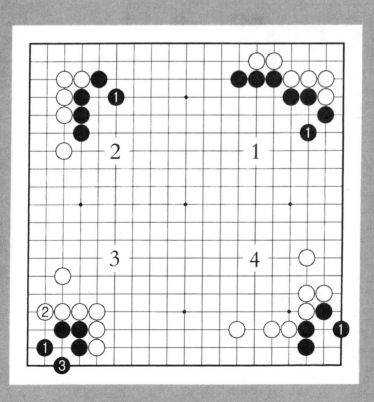

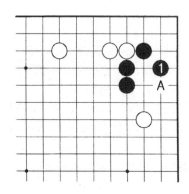

[그림 1] 급한 곳, 즉 급소(急所)

❶은 흑의 근거와 안형을 위한 절대적인 수이다. ❶로 지키지 않으면 백 A의 들여다보는 수로 흑은 근거가 없이 공중으로 뜨는 미생마(未生馬)가 된다.

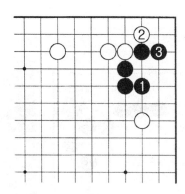

[그림 2] 호구도 호구 나름

❶의 호구는 외견상 호구이나 호구의 기능을 제대로 발휘하지 못하므로 진정한 호구라고 할 수 없다.
②에 ❸은 두어야 하므로 흑은 모양도 안 좋고 더구나 후수까지 잡았다.

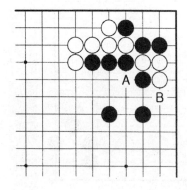

예제 1 흑의 약점과 갈등

귀의 흑 2점을 살리기 위해서는 우측의 백 3점을 잡아야 하는데 A의 약점 때문에 B로 막을 수 있느냐가 문제이다.

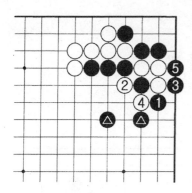

[풀이] 용감하게 (정답)

겁낼 필요 없이 ❶로 막는 수가 정답
이다. ②④로 반발하면 ❸❺의 회
돌이가 준비되어 있다.

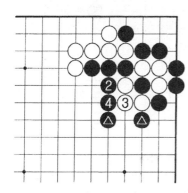

[풀이] 축으로 사망 (정답 계속)

흑▲ 2점의 원군이 있어 백은 탈출이
불가능하다.

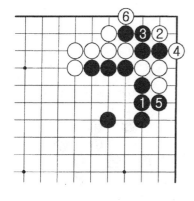

[풀이] 겁쟁이 ! 바보 !(실패)

❶로 이으면 흑은 수 부족.
②의 배붙이기로 흑은 백보다 1수 부
족으로 죽는다.
손자병법에 "생자필멸(生者必滅)이요,
사자필생(死者必生)이라." 는 말이 이
상황을 두고 한 말이다.

호구 마스터 15문제

1 흑 차례

흑의 약점이 2군데나 있다.
1수로 해결하는 방법은?

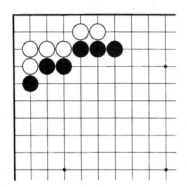

2 흑 차례

복습을 위해 · · · .

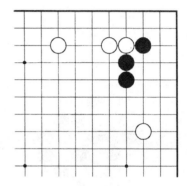

3 흑 차례

복습을 위하여 · · · .
그러나 약간은 다르다.

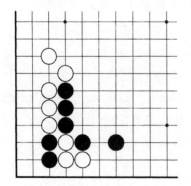

4 흑 차례

앞의 문제와 비슷하나 ⓐ가 있으
면 양상은 달라진다. 축은 백이 유
리.

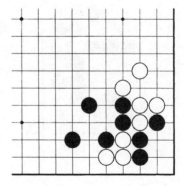

호구 마스터 15문제

5 흑 차례

흑의 가장 최선의 수는?

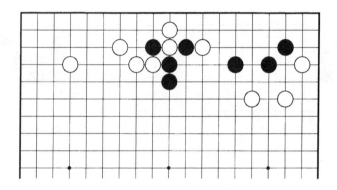

6 흑 차례

흑에게는 끊기는 약점이 있다. 맵시 있게 연결하는 방법은?

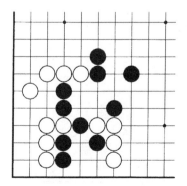

7 흑 차례

흑의 약점 2군데를 한 번에 연결하는 수는?

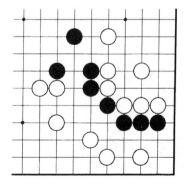

호구 마스터 15문제

8 흑 차례

흑을 살려라.

9 흑 차례

흑을 살리는 수순은?

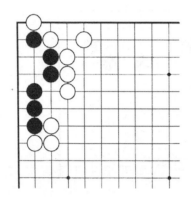

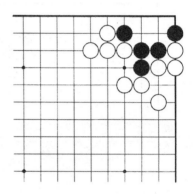

10 백 차례

백이 상대 흑의 약점을 이용해 사는 수는?

11 백 차례

흑을 잡는 수순은?

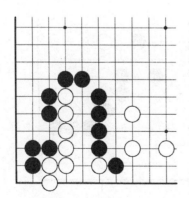

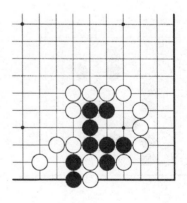

호구 마스터 15문제

12 흑 차례

귀의 흑은 모양을 갖춰야 산다.

13 백 차례

백의 최선의 수순은?

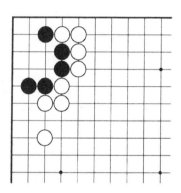

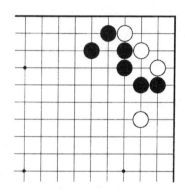

14 백 차례

백이 사는 수는?

15 흑 차례

흑을 살리는 방법은?

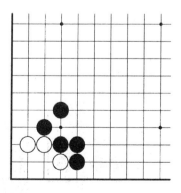

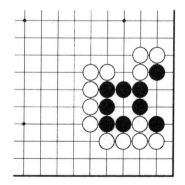

8. 붙이기

붙이기는 일반적으로 자기 돌 1개와 상대의 돌 1개 이상의 상태로 돌이 접근된 상태를 의미하는데, 상대를 자충으로 몰아 공격하는 데 많이 활용된다. 맥의 용어로 사용될 때는 **꺼붙임, 코붙임, 배붙임** 의 3종류로 구분한다. 아래 그림을 예로 들어 다음과 같이 구분한 다.

- 1의 경우에 ❶은 **일반적인 붙임**
- 2의 경우에 ❶은 **꺼붙임**
- 3의 경우에 ❶은 **코붙임**
- 4의 경우에 ❶은 **배붙임**

[그림도우미]

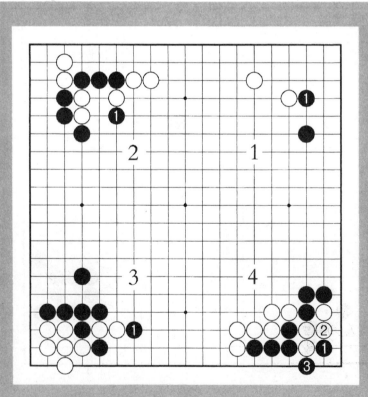

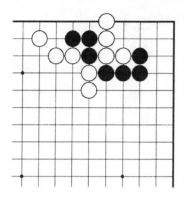

예제 1 흑선으로 백을 잡아야

흑 3점과 백 4점의 수상전이다.
흑의 첫 수가 마땅치 않다. 백 4점을
꼼짝 못하게 하는 붙임수는?

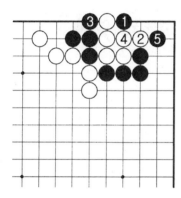

[풀이] 정답

❶로 붙이는 맥으로 백 4점은 운신이
어려워졌다. ②로 버티면 ❸으로 뒤
로 몰아서 ④일 때 ❺로 단수하면 백
이 잡힌다.

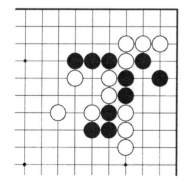

예제 2 분단된 흑의 수습 방안은

3부분으로 갈기갈기 찢겨져 있는 흑을
연결시키기 위해서는 끊고 있는 백 요
석을 잡아야 하는데 쉽지 않을 것 같
다.

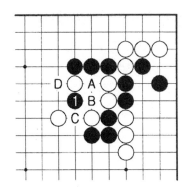

[풀이] 꺼붙임 (정답)

❶로 백 요석은 잡히고 만다.

백 Ⓐ면 흑 ❹로, 백 Ⓑ면 흑 ❸로, 백 Ⓒ면 흑 ❷로, 백 Ⓓ면 흑 ❶로 역시 백은 자충이 되어 잡히게 된다.

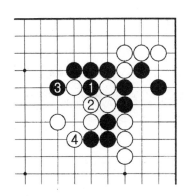

[풀이] 생각 부족 (실패)

❶로 찌르는 수는 ②로 이어서 요석을 잡는데 실패하게 된다. ❸으로 단수해와도 ④면 그만이다.

붙이기 마스터 12문제

1 흑 차례

풍전등화에 처해 있는 흑 3점을 살리는 수는?

2 흑 차례

기억이 나는가?

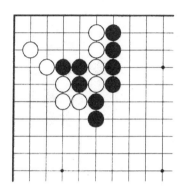

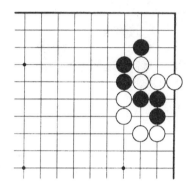

3 흑 차례

복습을 위하여···.

4 흑 차례

복습을 위하여···.

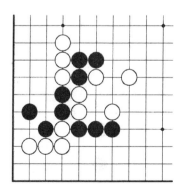

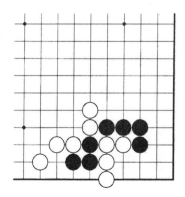

붙이기 마스터 12문제

5 백 차례

귀의 백이 연결되어 살아오는
수는?

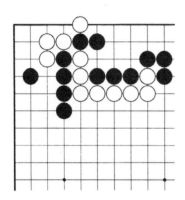

6 흑 차례

백의 약점을 추궁하여 흑이 사는
수는?

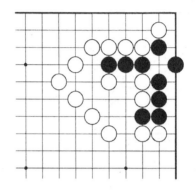

7 백 차례

백이 죽은 것처럼 보이나 흑
요석을 잡고 부활하는 수가 있다.

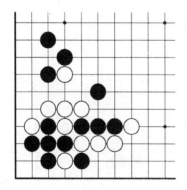

8 백 차례

귀의 백이 사는 수 있을까?

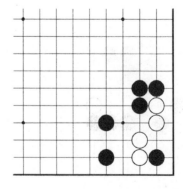

붙이기 마스터 12문제

9 흑 차례

귀의 백 2점을 잡는 수는?

10 백 차례

흑 2점을 잡는 수순은?

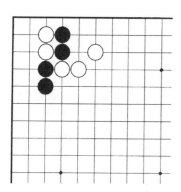
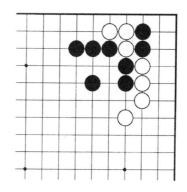

11 흑 차례

귀의 백을 잡는 수는?

12 흑 차례

흑을 살리는 수는? 백도 반발하는
수가 있어서 조심해야 한다.

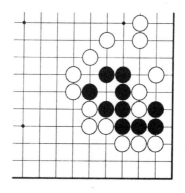

9. 뛰기

일반적으로 한 칸을 의미하는 말인데 수직선상이나 수평선상의 행마나 맥에 사용한다.
[그림도우미]에서 1, 2, 3, 4는 모두 한 칸 뛰는 맥이다.

[그림도우미]

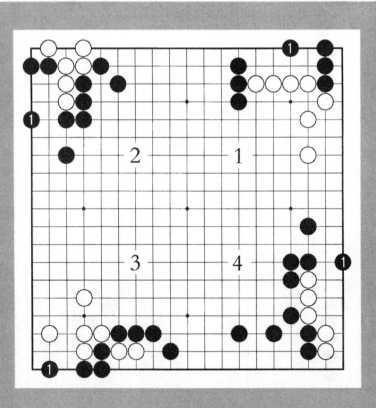

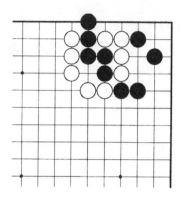

예제 1 흑선으로 백을 잡아라

흑 5점과 백 4점의 수상전이다.
흑이 수가 부족하다. 백 4점을 자충으
로 모는 수가 있으면 좋겠는데···.

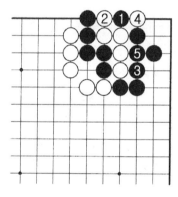

[풀이] 정답

❶로 뛰어붙이는 맥으로 백 4점은 운
신이 어려워졌다. ②로 끊으면 ❸으
로 뒤고 몰아서 ④일 때 ❺로 단수하
면 백이 잡힌다.

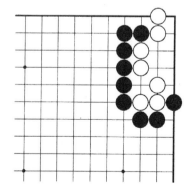

예제 2 귀의 백은 살았나?

백은 살아 있는 것처럼 보이는데, 한
수의 위력으로 흑은 백을 몰살시킬 수
있다. 그 수는?

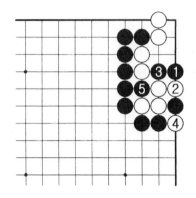

[풀이] 뛰기 (정답)

❶의 뛰어 급소에 치중하면 이하 ❺까지 양단수로 백의 진영은 초토화된다.

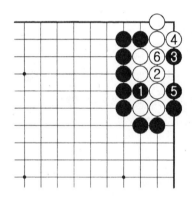

[풀이] 이적행위 (실패)

❶로 찌르는 수는 ②로 이어 실패하게 된다. ❸으로 치중해도 ④, ⑥으로 흑은 자충이 되어 ❸을 살릴 수가 없다.

백을 살려 주고 결국 공배만 둔 결과인 ❶은 실로 멍청한 수이다.

뛰기 마스터 16문제

1 흑 차례

흑 4점은 죽지 않았다. 살리는
수는?

2 흑 차례

기억이 나는가?

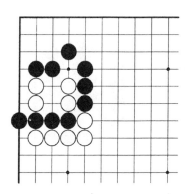

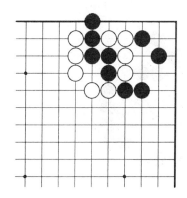

3 백 차례

욕심은 화를 부른다.

4 흑 차례

귀의 흑을 멋지게 살려 보자.

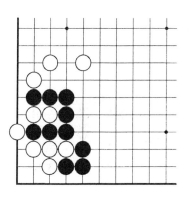

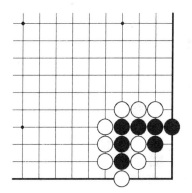

뛰기 마스터 16문제

5 흑 차례

백을 잡는 수는?

6 흑 차례

백을 잡는 수는?

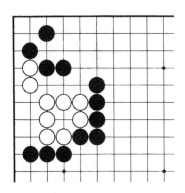

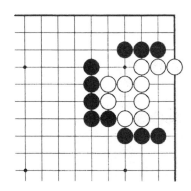

7 백 차례

백 4점이 아직도 숨쉬고 있다.

8 백 차례

백이 3점이 살면 귀의 흑 4점은
자동으로 · · · .

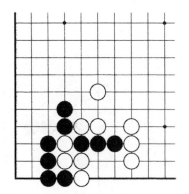

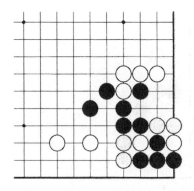

뛰기 마스터 16문제

9 흑 차례

백을 잡는 수는?

10 흑 차례

귀의 백을 잡는 수순은?

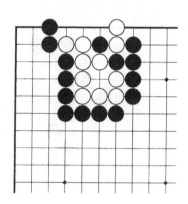
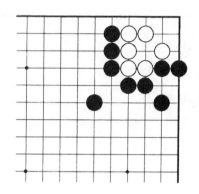

11 흑 차례

흑이 살 수 있을까?

12 흑 차례

복습을 위하여 · · · .

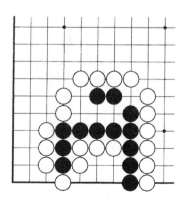
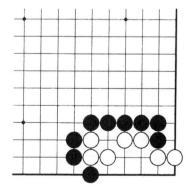

뛰기 마스터 16문제

13 흑 차례

백을 잡는 수는?

14 흑 차례

백을 잡아야 귀의 흑 3점이 산다.
그 수순은?

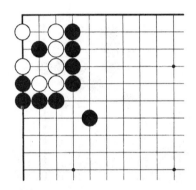

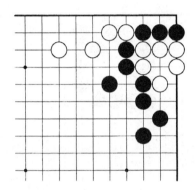

15 흑 차례

귀의 백을 잡아라.

16 흑 차례

흑 2점을 살릴 수 있는가?

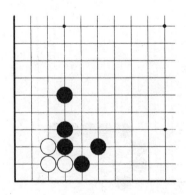

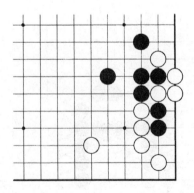

10. 찌르기

수직선상의 돌을 관통하고자 할 때 쓰는 말이다. 여기에 대응하여
관통을 피하는 수를 막기라 할 수 있다. 또, 맥에 있어서는 이런 형
태를 총칭해서 **'찌르기'** 혹은 **'찝기'** 라고 말하기도 한다.
[그림도우미] 1에서 ❶은 찌르기이며 ②는 막기이다. 2, 3, 4는
모두 찌르기 또는 찝기에 해당한다.

[그림도우미]

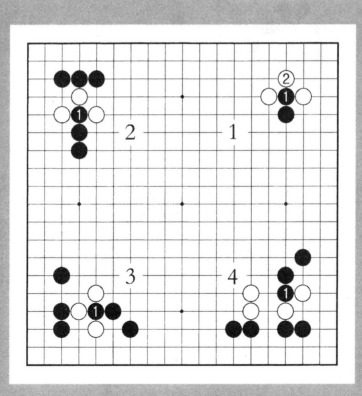

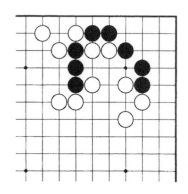

예제 1 기적 같은 수

흑 3점은 죽은 것으로 포기하는 경우
가 많을 것이다. 백이 허술하다는 것
을 느낄 수 있어야 한다.

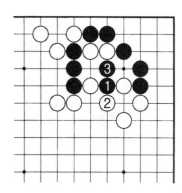

[풀이] 정답

❶로 붙이는 맥으로 백 2점은 운신이
어려워졌다. ②로 버티면 ❸으로 그
만.

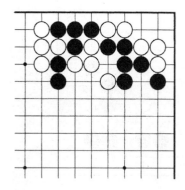

예제 2 상변 흑 4점을 살려라

상변에 붙어 있는 흑 4점이 살기 위해
서는 끊고 있는 백 요석을 잡아야 하
는데 쉽지 않을 것 같다.

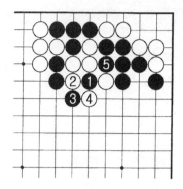

[풀이] 정답

❶로 백 요석은 잡히고 만다.
급소의 일격으로 백 모양은 무너지고
회돌이 축으로 몰려서 살 길이 없다.

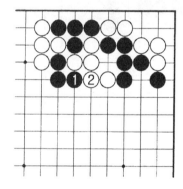

[풀이] 생각 부족 (실패)

❶로 찌르는 수는 ②로 이어서 요석
을 잡는데 실패하게 되고 흑은 미생마
가 3개로 되었다.

찌르기 마스터 12문제

1 흑 차례

관통하고 있는 백의 연결이 허술하다. 절단시킬 수 있나?

2 흑 차례

흑을 살리는 수순은?

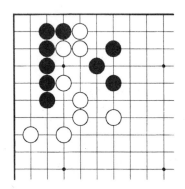

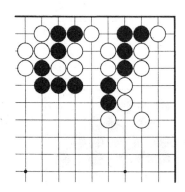

3 흑 차례

백△ 2점을 잡는 수는?

4 흑 차례

우변 백돌이 중앙으로 연결을 꾀하고 있다. 그것을 방해하라.

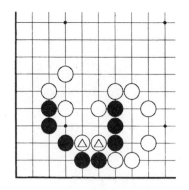

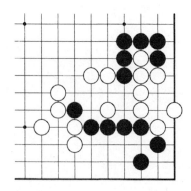

찌르기 마스터 12문제

5 흑 차례

요석인 백△ 3점을 잡는 수는?

6 백 차례

흑은 살아 있나? 아니다. 잘 보면 잡는 수가 있다. 어떻게···?

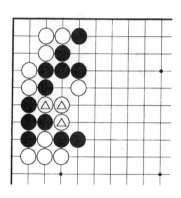

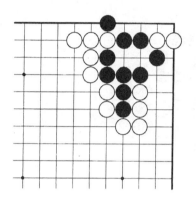

7 흑 차례

흑이 연결 못 하면 바둑이 어려워 진다. 연결의 수순은?

8 흑 차례

흑을 3분하고 있는 백 2점을 잡아 라.

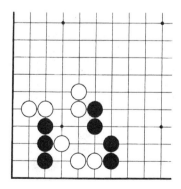

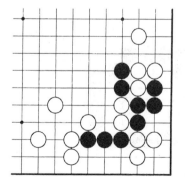

찌르기 마스터 12문제

9 흑 차례

흑의 생사는 첫 수에 달려 있다.

10 흑 차례

귀의 흑은 자체로는 못 산다.
그렇다면 · · ·?

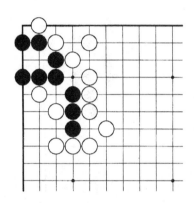

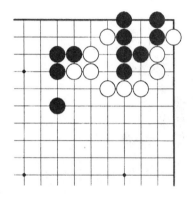

11 흑 차례

백을 잡는 수순은?

12 흑 차례

백을 모두 잡아 보자.

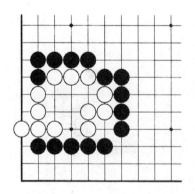

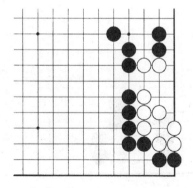

11. 입 구(口)자 행마

우리말로는 마늘모라고 하며 바둑판 1개의 눈금에서 대각선에 위치한 연결수단을 말한다. 입 구(口)자의 연결은 진출면에서 느리기는 해도 끊어질 염려가 없는 가장 견고한 연결이다. 연결의 수단뿐만 아니라 이 수단은 바둑 전반에 걸쳐 광범위하게 사용된다.
[그림도우미]에서 1은 포석 시기에 사용되며, 2, 3은 맥에, 4는 끝내기에 사용되는 입 구자라 할 수 있다.

[그림도우미]

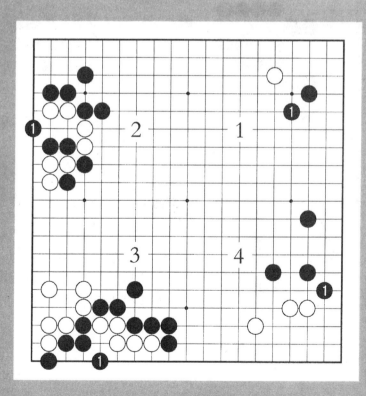

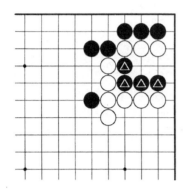

예제 1 상대방 급소는 나의 급소

흑▲ 4점이 살아오는 수는?

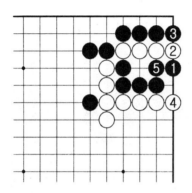

[풀이] 정답

❶로 입 구(口)자하는 맥으로 흑은 백 3점을 잡고 산다. ④로 내려설 수밖에 없는 백의 상황은 ❶의 위력에서 비롯된 것이다.

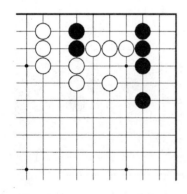

예제 2 최상의 연결은?

자체로는 못 살고 우측의 흑돌과 연결을 꾀해야 하는데 그 방법은?
나중에 손해를 볼 가능성이 있는 연결은 정답을 사양한다.

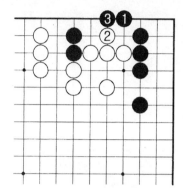

[풀이] 정답

❶로 흑은 좌우가 연결되었다.

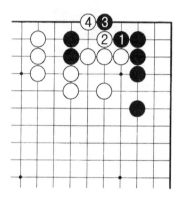

[풀이] 연결에 실패

❶로 찌르는 수는 ②로 막아서 그만이다.

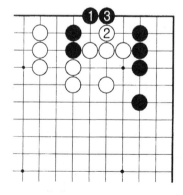

[풀이] 연결은 하였으나 · · ·

❶로도 연결은 가능하다.

그러나 나중에 패감으로 활용되어 좌측의 흑돌을 버려야할 상황이 오면 [그림 4]와 같이 연결하는 것보다는 손해라고 할 수 있다.

입구자 행마 마스터 12문제

1 흑 차례

흑▲ 2점이 살면 백은 졸지에
곤마가 된다.

2 흑 차례

복습을 위하여 · · ·.

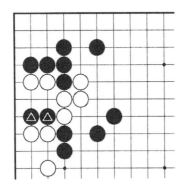

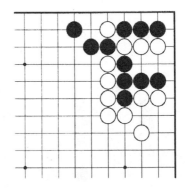

3 흑 차례

흑 3점이 살아오면 백은 자동
으로 사망.

4 흑 차례

복습을 위하여 · · ·.

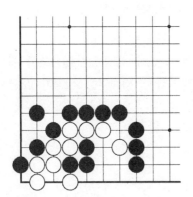

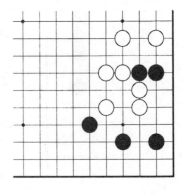

입구자 행마 마스터 12문제

5 흑 차례

백진에 갇혀 있는 흑 1점이 살면
백진을 무력화할 수 있다.

6 흑 차례

좌우의 흑을 기분 좋게 연결하는
급소는?

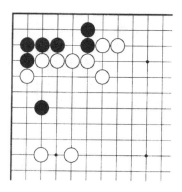

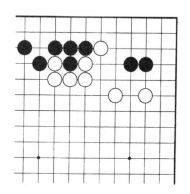

7 흑 차례

백 3점을 잡을 때 가장 바람직
한 수순은?

8 흑 차례

흑을 4점을 살리는 방법은?

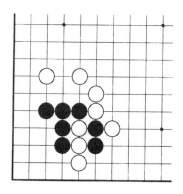

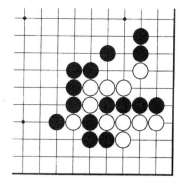

입구자 행마 마스터 12문제

9 백 차례

궁도만 넓힌다고 상책이 아니다.
모양의 급소를 찾는 법은?

10 흑 차례

백을 잡는 수순은?

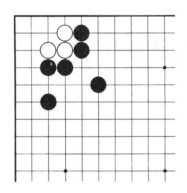

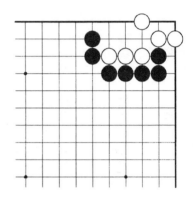

11 흑 차례

백 3점만 잡는다면 하수.
백 전체를 잡는 수순은?

12 백 차례

백을 살려 보자.

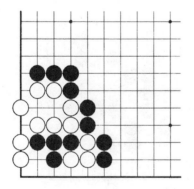

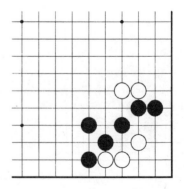

12. 치중(置中)

상대의 급소를 자신의 돌로 선착했을 때 치중(置中)이라 하며 이 수를 치중(置中)이라고 한다.
[그림도우미]에서 1, 2의 경우 ❶은 **사활에 관한 치중**이며, 3의 경우에서 ❶이나 4의 경우에서 ❸은 행마 도중의 **형태에 관한 치중**이다.

[그림도우미]

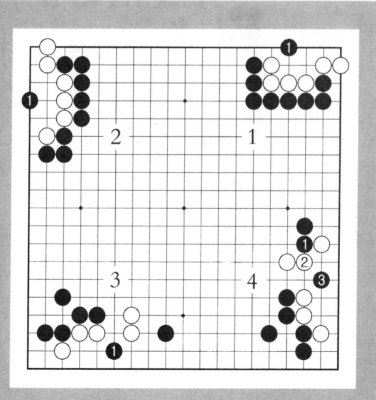

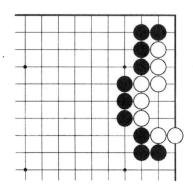

예제 1 상대방 급소는 나의 급소

백 모양의 급소에 치중하여 백을 잡는 수는?

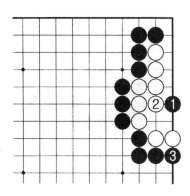

[풀이] 급소에 치중이 정답

❶의 치중으로 백은 2집을 낼 수가 없다. ②로 받으면 ❸으로 그만이다.

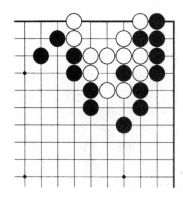

예제 2 백을 잡아라

백을 잡아야 한다. 치중의 급소는?

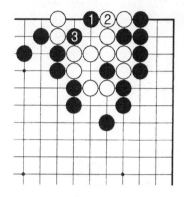

[풀이] 정답

❶로 치중이 정답.

②로 받을 수밖에 없을 때 ❸으로 백은 양자충에 걸린다.

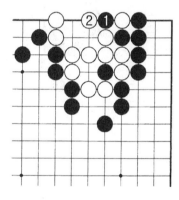

[풀이] 성급한 수 (실패)

❶로 따내는 수는 ②로 막아서 백을 살려 준다.

치중수 마스터 12문제

1 흑 차례

귀의 백을 잡는 수순은?

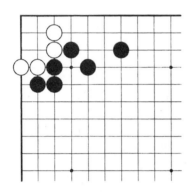

2 흑 차례

백을 잡는 수는?

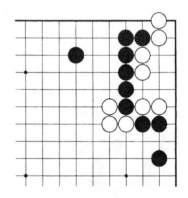

3 흑 차례

백을 잡는 수순은?

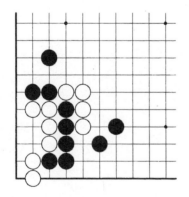

4 흑 차례

복습을 위하여····.

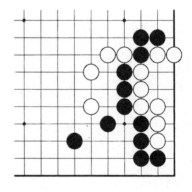

치중수 마스터 12문제

5 흑 차례

백을 잡는 수는?

6 흑 차례

치중과 먹여치기의 콤비네이션으로 백을 잡아 보라.

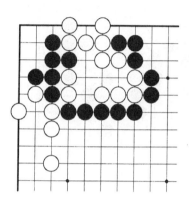

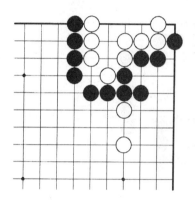

7 흑 차례

백을 잡는 수순은?

8 흑 차례

백을 잡아라.

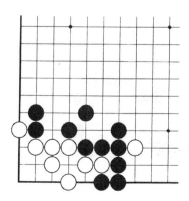

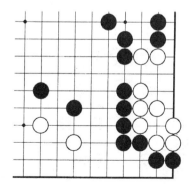

치중수 마스터 12문제

9 흑 차례
백에게 2집을 내주면 안 된다.

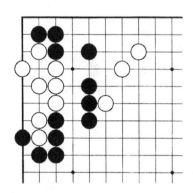

10 흑 차례
백을 잡는 수순은?

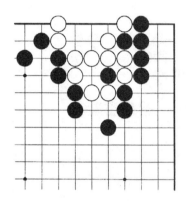

11 흑 차례
백 전체를 잡는 수순은?

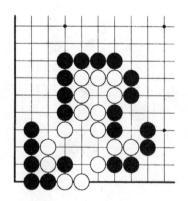

12 흑 차례
백을 잡아 보자.

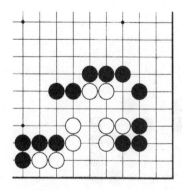

13. 환격(還擊)

환격(還擊)이란 자신의 돌 1점을 상대의 호구에 넣었을 때 상대가
그 돌을 잡는 순간 공배가 다시 메워져 자신의 돌 1점을 잡은 상대
의 돌(☞ 아래 그림에서 ◎로 표시된 백돌)을 되잡을 수 있는 상황
을 말한다.

[그림도우미] 1, 2, 3, 4에서 백◎는 ❶에 의해 모두 환격에 걸려
있다.

[그림도우미]

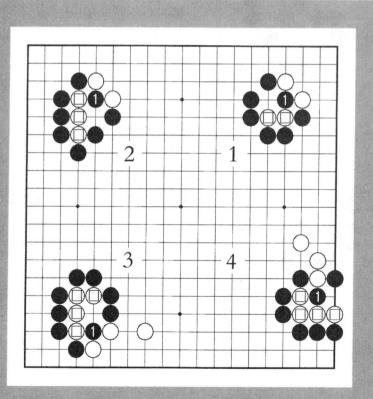

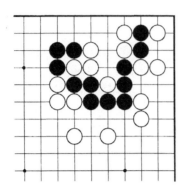

예제 1 분단된 흑을 수습하라

흑 7점이 고립되어 있다.
환격을 이용하여 살리는 수는?

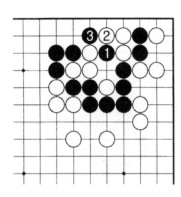

[풀이] 환격 (정답)

❶로 껴붙이고 ❸으로 몰아 백은 환
격으로 죽는다.

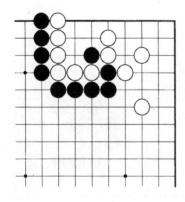

예제 2 흑 1점은 숨이 붙어 있다

백을 잡아야 한다. 급소는?

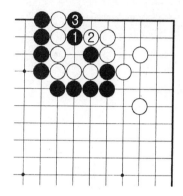

[풀이] 정답

❶로 치중이 정답.

②로 받으면 ❸으로 백은 환격에 걸려든다.

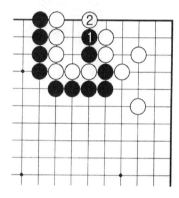

[풀이] 성급한 수 (실패)

❶로 뻗는 수는 ②로 막아서 백을 살려 준다.

완격 마스터 12문제

1 흑 차례

흑은 살기가 어려울 것 같다.
그러나 사는 수가 있다.

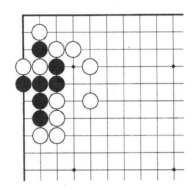

2 백 차례

백을 살리는 수는?

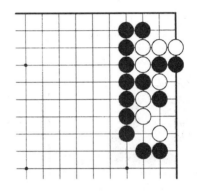

3 흑 차례

백을 잡는 수순은?

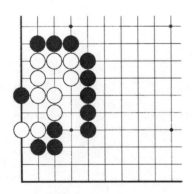

4 흑 차례

백을 잡는 수순은?

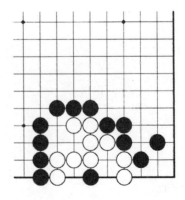

환격 마스터 12문제

5 흑 차례

흑 2점을 살리는 수는?

6 흑 차례

수싸움에서 흑이 이기는 수순은?

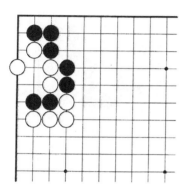

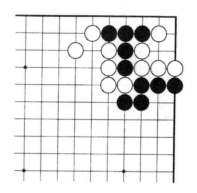

7 흑 차례

귀의 백을 잡는 수순은?
소탐대실(小貪大失)하지 마라.

8 흑 차례

백을 잡아라.

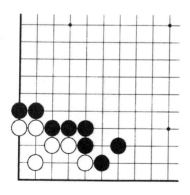

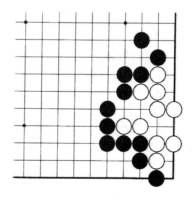

환격 마스터 12문제

9 흑 차례

수상전에서 흑이 이기는 수는 ?

10 흑 차례

복습을 위하여 · · · .

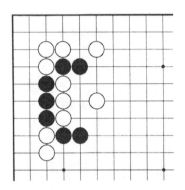
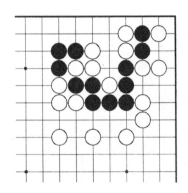

11 흑 차례

백 6점을 잡는 수순은 ?

12 흑 차례

백 6점을 잡아 보자.

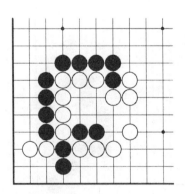
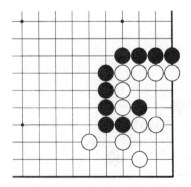

14. 젖힘

상대방 돌의 진로를 막거나 자기 돌이 진행하려는 방향을 잡을 때 (예를 들어 두점머리를 두드림, 2단 젖힘 등) 사용하는 수단으로 돌의 연결상태는 마늘모와 같다. 특히 사활에 있어서는 궁도를 좁힐 때 주로 사용되며 젖힌 후 치중하는 것이 상용 테크닉이다.
[그림도우미]에서 1, 2, 3, 4는 ❶의 젖힘에 이어 ❸의 치중으로 백을 잡고 있는 그림들이다.

[그림도우미]

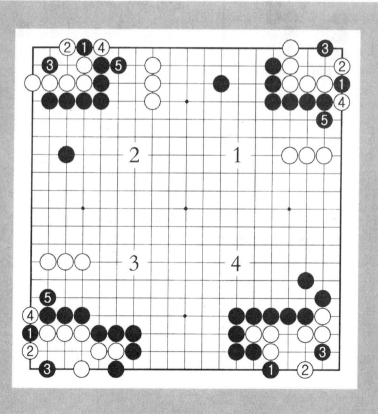

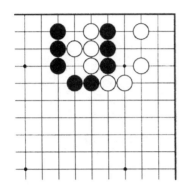

예제 1 백이 먼저 두면

흑백의 수상전이다.

흑 3점은 4수 백 4점은 3수로 백이 1수 부족하나 상대방 흑의 자충을 활용 수상전에서 이기는 수가 있다.

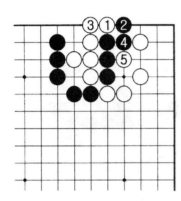

[풀이] 젖혀 이어서 (정답)

①③으로 젖혀 이으면 흑은 ❹로 이을 수밖에 없을 때 ⑤로 몰아 백의 승리이다.

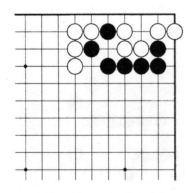

예제 2 연결을 차단

흑은 좌우의 백을 연결시켜 주어서는 재미가 없다. 백의 연결을 차단하는 흑의 수는?

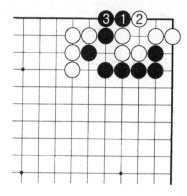

[풀이] 정답

❶로 젖혀서 백의 건넘을 방해했다.
그 결과 귀의 백은 자동으로 죽어 있
다.

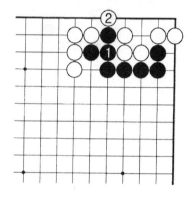

[풀이] 성급한 수 (실패)

❶로 잇는 수는 상대의 자충을 활용
하지 못한 수로 ②로 넘어서는 흑은
재미가 없다.

젖힘 마스터 12문제

1 백 차례

복습을 위하여 · · · .

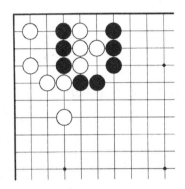

2 흑 차례

흑을 수습하는 멋진 수는?

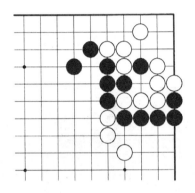

3 흑 차례

복습을 위하여 · · · .

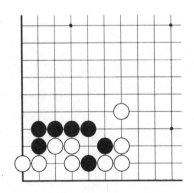

4 흑 차례

백 6점을 넘겨주면 안 된다.

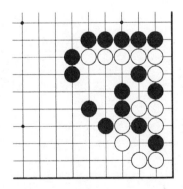

젖힘 마스터 12문제

5 흑 차례

백을 잡는 수는?

6 흑 차례

백을 잡는 수는?

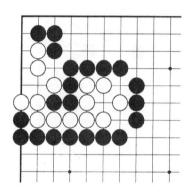

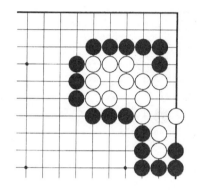

7 흑 차례

귀의 백을 잡는 수순은?
수순이 중요하다.

8 흑 차례

백을 잡아라.

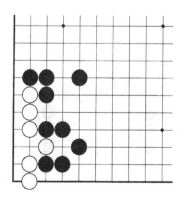

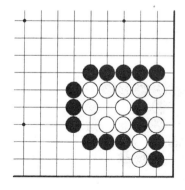

젖힘 마스터 12문제

9 흑 차례

귀의 흑을 연결시키는 수는?

10 흑 차례

백을 잡는 수순은?

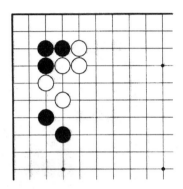

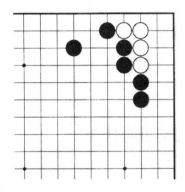

11 흑 차례

백을 잡는 수순은?

12 흑 차례

백을 잡아 보자.

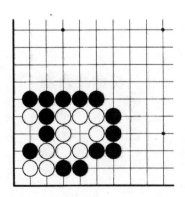

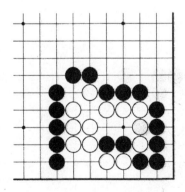

15. 끊기

일반적으로 자신의 돌로 마늘모로 연결되어 있는 상대의 돌을 맞끊는 상황을 말하며 돌은 서로 마늘모로 교차되어 끊긴 상태가 된다. 맥으로는 수상전에서 상대의 자충을 이용하여 수를 늘리는 데 주로 사용된다.

[그림도우미] 1, 2, 3, 4에서 ❶의 끊음을 통해 1수를 늘려 흑이 수상전에서 모두 이기고 있다.

[그림도우미]

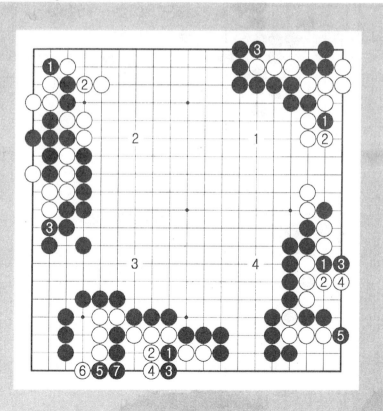

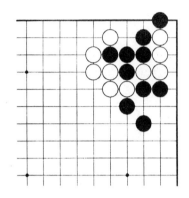

예제 1. 흑이 먼저라면

흑백의 수상전이다.

흑 5점은 2수 백 4점은 3수로 흑이 1수 부족하나 상대 백의 자충을 활용하여 수상전에서 이기는 수가 있다.

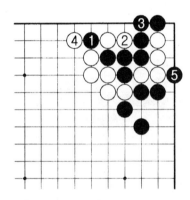

[풀이] 끊으면 · · · ·(정답)

❶로 끊는 수가 정답.

②로 몰아도 ❸으로 이으면 백은 자충이 되어 계속 단수를 칠 수가 없다. 고로 수상전은 흑의 승리.

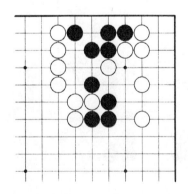

예제 2. 흑의 연결

흑돌이 끊어질 위기에 있다.

어떻게 하면 연결할 수 있을까?

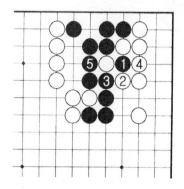

[풀이] 정답

❶로 끊는 수로 연결이 된다.

②로 단수할 때 ❸❺로 이으면 그만이다. 백의 자충을 이용한 멋진 수다.

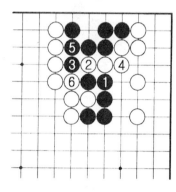

[풀이] 생각 부족 (실패)

❶로 이으면 ②④⑥으로 흑이 절단되어서 실패이다.

끝기 마스터 12문제

1 흑 차례

귀의 흑은 촉촉수로 떨어질
위기에 처해있다. 살리고 싶다.

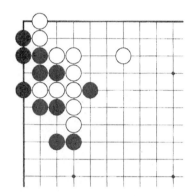

2 흑 차례

귀의 흑 3점을 살리는 수는?

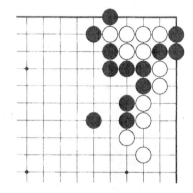

3 흑 차례

아래 흑을 살리는 수는?

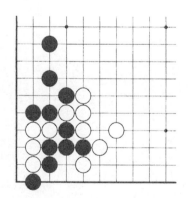

4 흑 차례

백 4점을 잡는 수순은? 백의 자충
을 이용하라.

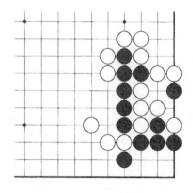

끝기 마스터 12문제

5 흑 차례

복습을 위하여 · · · .

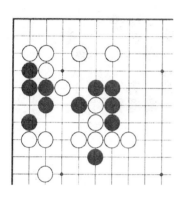

6 흑 차례

흑돌은 거의 죽은 것 같다.
백의 약점을 이용해 사는 수는?

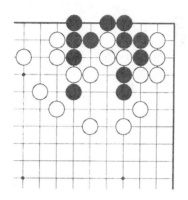

7 흑 차례

흑을 연결시키는 수순은?

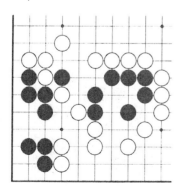

8 흑 차례

흑 3점을 살리려면 어떤 수순을 택
해야 하나?

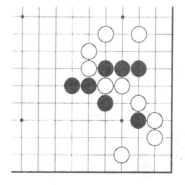

공기 마스터 12문제

9 흑 차례

위의 백 4점을 잡고 사는 수는?

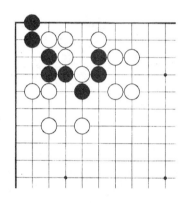

10 흑 차례

백모양의 약점을 추궁하는 수순은?

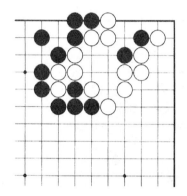

11 흑 차례

백을 잡는 수순은?

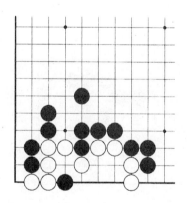

12 흑 차례

백을 잡는 수순은?

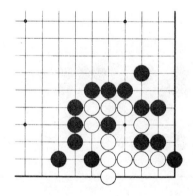

종합문제

1 흑 차례

백△를 잡는 수순은?

2 흑 차례

백△ 2점을 어떻게 처리하는 것이
바람직할까요?

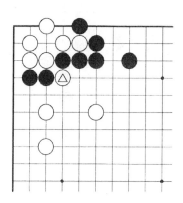

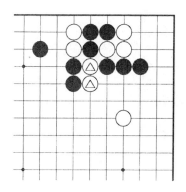

3 흑 차례

백△ 3점을 잡아 보자.

4 흑 차례

백 3점을 잡는 수는?

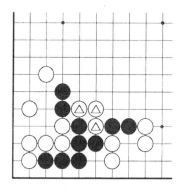

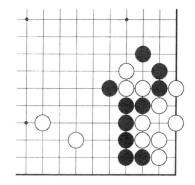

종합문제

5 흑 차례

귀의 백을 잡는 수순은?

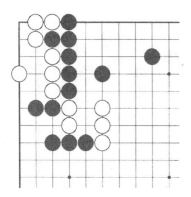

6 흑 차례

귀의 백을 잡는 수는?

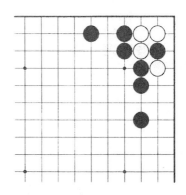

7 흑 차례

백을 잡아보자.

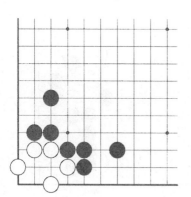

8 흑 차례

백을 잡는 수는?

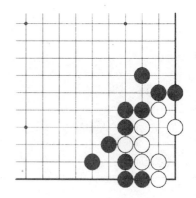

9 흑 차례

백 4점을 잡는 수순은?

10 흑 차례

백 4점을 잡는 수는?

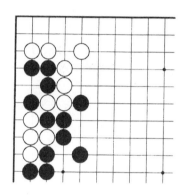

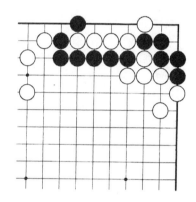

11 흑 차례

흑이 이기는 수순은?

12 흑 차례

귀의 흑 2점이 살아오는 수는?

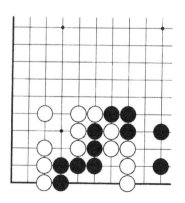

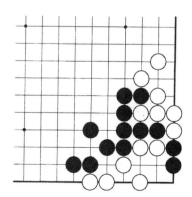

종합문제

13 흑 차례

귀의 백을 잡는 수순은?

14 흑 차례

백을 끊는 수는?

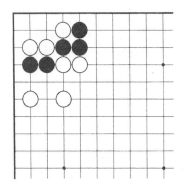

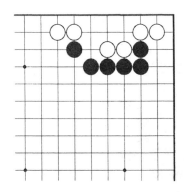

15 백 차례

백이 이기는 수순은?

16 흑 차례

백 3점을 잡는 수는?

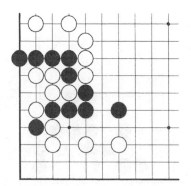

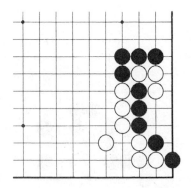

종합문제

17 흑 차례

복습을 위하여 · · ·.

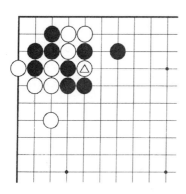

18 흑 차례

백 3점을 잡는 수는?

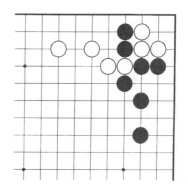

19 흑 차례

백을 잡아보자.

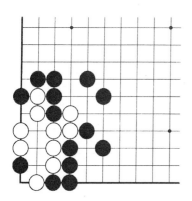

20 흑 차례

흑 4점을 살리는 수는?

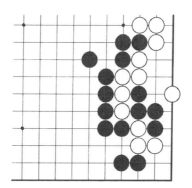

🔵 혈액형으로 알아보는 기풍의 차이 🔵

🔵 **A형** 소목(小目)은 A형의 기풍

A형의 특징
농경민족의 피를 이어받은 농사꾼과 같은 성격

소목(小目)의 특징
- 소목은 3선의 실리선, 집짓는 선으로 3선에 위치한다.
- 소목은 2수로 굳힘을 하여 귀에 견고한 실리를 구축한다.
- 소목 굳힘 후 넓은 벌림이 기본포석 소목은 안정을 취한 후 공격하기 위한 수비형의 포진이다.

기풍진단
A형은 소목을 자주 사용하는 것이 이상적인 기풍 같다. 농경민족의 피를 이어받은 농사꾼의 기풍으로 농사를 짓듯이 바둑에 있어서도 서서히 안정적으로 바둑판을 구성하는 기풍이라고 볼 수 있다.

A형의 한국프로기사
조훈현 9단, 이창호 9단, 유창혁 9단, 서능욱 9단, 정수현 9단.

A형의 일본프로기사
사카다 에이오(坂田榮男) 9단, 카토 마사오(加藤正夫) 9단, 고바야시 고이치(小林光一) 9단, 다케미야 마사끼(武宮正樹) 9단, 오다케 히데오(大竹英雄) 9단.

☞ 186쪽에 계속

3부

◆

초반포석의 요령

1. 포석의 순서

[그림 1]은 언뜻 흑집보다 백집이 커 보이지만 사실은 그렇지 않다. 흑은 140집, 백은 121집이다. 이것은 귀쪽이 집을 짓기에는 훨씬 쉽다는 것을 시사하는 바이다. 따라서 귀, 변, 중앙의 진출이 포석의 순서다.

[그림 1]

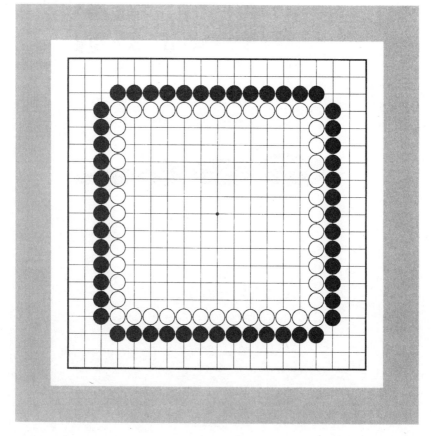

[그림 2]에서 흑과 백은 귀를 굳힌 상태에서 **❶**, ②로 변으로 전개하는 수순이 올바른 포석의 순서이다. 그 다음 순서는 **❸**, ④로 중앙으로 세력을 펼치는 것이 포석의 순리 **❸**으로 A나 B로 전개하는 것은 좁은 구축이어서 집모양이 축소된다. **❸❺**로 뛰어 입체적으로 키워나가는 것이 올바른 포석이다.

[그림 2]

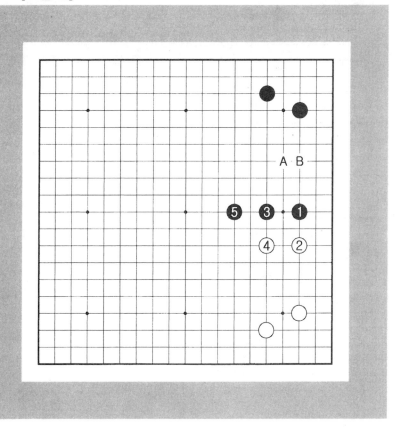

2. 포석의 이상형

화점이나 굳힘에서 양날개를 펴는 것이 포석의 이상적이 형태이다.

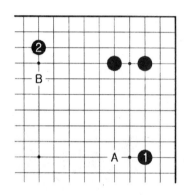

[그림 1]

변으로의 발전성이 가장 풍부한 「한 칸 굳힘」에서 좌우로 양날개를 펼친 형인데 포석에서 가장 이상적인 포진이다. 후에 A, B로 한 칸 씩 뛰면 견고한 포진이 완성된다.

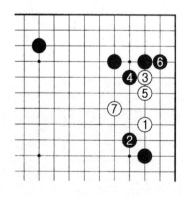

[그림 2]

①로 침입해 보자.

②로 공격하면 ③으로 붙여 수습을 하고 ⑦로 탈출하여 백은 쉽게 잡히지 않는 말이 된다.

흑은 공격으로 귀를 확보하면서 차후에 백에 대한 공격의 뒷맛을 남기고 있다.

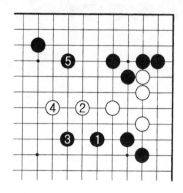

[그림 4]

흑의 뒷맛은 ❶❸으로 추격하면서 ❺로 집을 지키는 작전을 택하게 되는데 이로써 흑은 상변에 30여집의 대가가 완성. ❶❸으로 아래에 또다른 세력이 형성되어 이득을 보게 된다.

3. 굳힘의 종류와 장단점

굳힘은 3선 즉 소목에서 이루어진다.

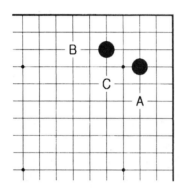

[그림 1] 소목의 날 일(日)자 굳힘

이 굳힘의 장점은 그 견고함에 있다.
☞ 백에게 A, B의 양쪽을 공격당하면 완전한 수비라고 할 수 없다. 이때 흑은 C로 보강해야 한다. 보강하지 않으면 귀에 침입수가 생긴다.

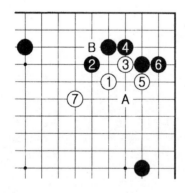

[그림 2] 양날개 진형

소목에서 흑의 날 일(日)자 굳힘에 양날개를 편 아주 견고한 진형이다.
보통은 ①로 뛰어들어 삭감을 하는데 이하 ⑦까지 가볍게 수습한다.
❷ 대신 A로 우변을 지키면 백은 B로 붙여서 수습하는 맥이 있다.
①의 모자는 삭감의 상용테크닉이다.

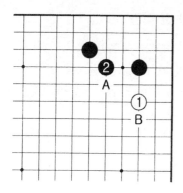

[그림 3] 소목에서 눈 목(目)자 굳힘

날 일(日)자 굳힘과 비교하여 장단점이 있다. 1칸 더 간만큼 집도 커지지만 [그림 4]에서처럼 주위의 백돌의 상황에 따라 침입받기 쉬운 단점도 있는 것이다.

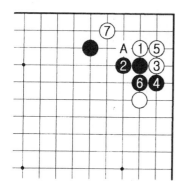

[그림 4] 백의 귀살이

①로 3·三에 침입하면 이하 ⑦까지 귀에서 살아 버린다. 따라서 소목의 눈목자 굳힘은 주위에 백돌이 오면 보강을 해야 한다.

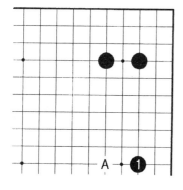

[그림 5] 소목의 한 칸 굳힘

이 굳힘은 날 일(日)자 굳힘과 정반대로 생각하면 된다. 귀의 수비에는 약하지만 중앙으로의 발전력이 풍부하다. 흑의 세력이 강력해서 ❶로 벌리고 흑A로 뛰면 「상자형」이라고 해서 포석에서의 최고의 이상형이다.

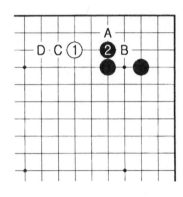

[그림 6] 삭감

한 칸 굳힘의 단점은 ①의 압박이다. 다음에 A와 B를 노리므로 귀가 흑집이 되기 어렵고 집이 된다고 해도 아주 적다.

①이 오기 전에 C 또는 D로 벌리는 수는 큰 수이다.

4. 화점의 특징

화점의 특징은 좌우 어느 쪽으로도 벌릴 수 있다는 것이다.

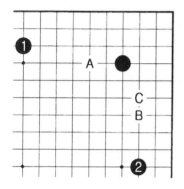

[그림 1] 양날개

❶과 ❷ 어느 쪽으로 벌려도 관계없다. 화점에서는 알맞은 굳힘이 없다. A, B, C 그 어느 것을 두어도 굳힘이라고 할 수 없다.

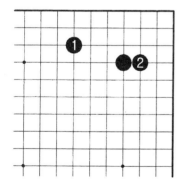

[그림 2] 굳힘

❶로 흑집을 굳혔다고 할 수 없다. ❷로 철주(鐵柱)를 내려야 비로서 흑집이 된다. 화점은 중앙으로의 발전성은 많지만 귀를 집으로 차지하기 위해서는 3수 이상을 소비해야만 한다.

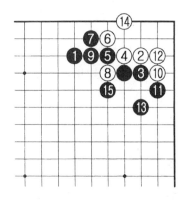

[그림 3] 백의 귀살이

②로 3 · 三에 침입하면 이하 ⑭로 백이 귀에서 쉽게 산다. 이처럼 화점은 귀를 공략 당하기 쉽다.

그렇다고 이 결과가 나쁜 것은 아니다. 백에게 실리를 허용한 대신 견고한 외세를 쌓았기 때문이다.

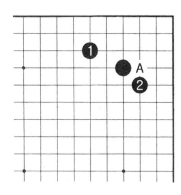

[그림 4] 굳힘

❶로 날 일(日)자 다음은 ❷로 굳히는 것이 정수이다. ❷ 대신 Λ로 굳히는 것은 중복되는 느낌이 있어 비효율적이다.

5. 화점에서의 응수

화점에서 상대가 걸쳐오면 한 칸 뜀은 공격형이고 날 일(日)자로 받는 것은 수비형이다.

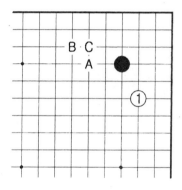

[그림 1] 걸침과 응수

화점에 대한 걸침은 ①처럼 날 일 (日)자 걸침이 거의 대부분이다.
① 걸침에 대한 응수로는 A, B, C의 자리가 주로 이용된다.

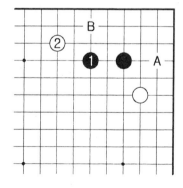

[그림 2] 한 칸으로 응수

❶로 응수는 다음에 백을 공격하자는 의도가 내포된 응수이다. 백도 ②로 역습을 할 수 있다. A와 B는 백이 막 보는 곳으로 초보자인 경우 흑의 입 장에서는 불안해할 수도 있다.

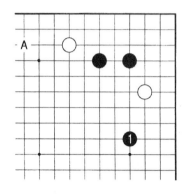

[그림 3] 두려울 것이 없다

❶ 또는 A로 백을 협공하는 것이 포인트. 흑은 한 칸 뛰기로 견고한 상태이고 백은 양쪽으로 분산되어 바쁜 형태이다.

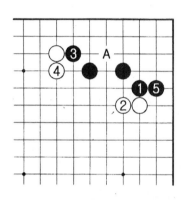

[그림 4] 소극적인 대응

겁을 낸 나머지 [그림 4]와 같이 응수하는 경우가 있는데 화점은 중앙지향인 성격인데 집으로 만들려고 하니 작전과는 모순된다. 그럴 바에 소목을 두지 왜 화점을 두었는지 모르겠다. A에는 아직도 맛이 남아 있다. ·

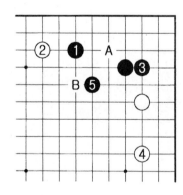

[그림 5] 귀를 지키려면

애초에 귀를 지킬 목적이라면 ❶의 눈 목(目)자로 응수하는 편이 이 경우에는 더 나았다.

❺ 또는 B로 지켜 A의 침입을 예방한다.

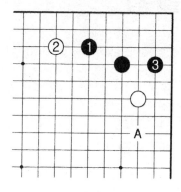

[그림 6] 수비는 즉 공격이다.

❶, ❸은 단순한 수비가 아니라 다음에 A의 협공을 노리고 있는 것이다.

6. 화점에서의 양걸침

양걸침을 당하면 성동격서(聲東擊西)의 전법을 응용하여 공격하고 싶은 반대쪽으로 붙인다.

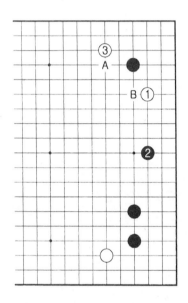

[그림 1] 양걸침

①의 걸침에 ❷의 협공은 좋은 작전이다. ③의 양걸침은 가장 일반적인 수법이며 혹은 A나 B로 어느 한쪽에 붙이는 것이 일반적인 대응이다.

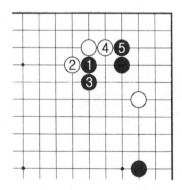

[그림 2] 공격의 반대쪽으로

❶로 붙여 우변의 협공된 백 1점을 공격하는 것이 바람직한 방향이고 협공한 취지를 살리는 것이기도 하다.

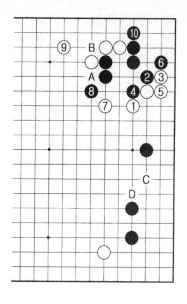

[그림 3] 올바른 방향

① 이하 ⑩까지 일단락 되었다.
수순은 ④⑧⑩은 반드시 기억해야
할 중요한 수이다. ⑧로 A에 꼬부리
는 것은 좋지 않다. B의 단점을 노리
고 ⑨로 응수할 때 ⑩으로 내려서서
근거를 확보한다. ⑩을 생략하면 나
중에 귀를 유린당하는 수가 있으니
조심.

☞ 아생연후살타(兒生然後殺他)

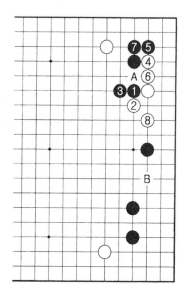

[그림 4] 방향이 틀리다

❶로 붙이면 백은 ② 이하 ⑧까지
안정이 되는 반면 흑은 A와 B의 2곳
에 단점이 생겨서 좋은 결과라고 볼
수 없다.

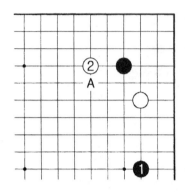

[그림 5] 다른 양걸침

❶의 협공에 대해 ②로 높이 양걸침 하는 수도 있다. 흑은 양걸침의 원칙 대로 A에 붙이면 변화가 복잡해서 실수를 하기 쉽다.

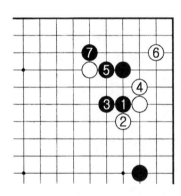

[그림 6] 쉬운 것을 선택

❶로 붙이는 정석을 택해서 무난하다고 본다. ❶에서 ❼까지 일단락되는데 왼 쪽에 걸친 백 1점을 무력화 시키고 있으므로 흑은 불만이 없다.

7. 벌림의 원칙

1립2전(一立二展), 2립3전(二立三展) 등이 벌림의 원칙이다.

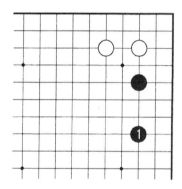

[그림 1] 1립 2전(一立二展)

❶로 2칸 벌리는 것이 원칙이다.
욕심을 내서 1칸을 더 벌리면 백의
침입수단이 생긴다. 침입을 받지 않
는 안전한 벌림은 ❶의 2칸 벌림이
다.

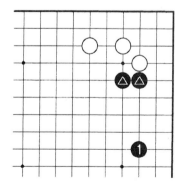

[그림 2] 2립 3전(二立三展)

흑이 ▲로 2개가 서 있을 때는 ❶로
3칸 벌리는 것이 올바른 벌림.

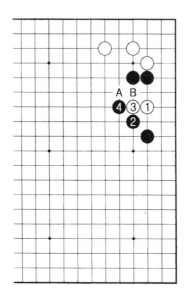

[그림 3] 침입에 대한 대비

만약 ①로 침입하면 ❷의 마늘모로
포위하고 ③으로 나올 때 ❹로 머리
를 두드려 봉쇄하면 그만이다.

백A로 젖히면 흑B로 끊어서 문제없
다.

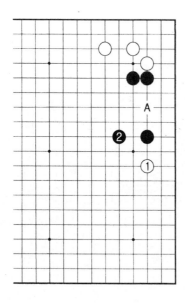

[그림 4] 주위상황

①이 오면 백A의 침입수가 성립되는
수가 있으니 조심해야 한다.

따라서 ❷의 보강이 시급하다.

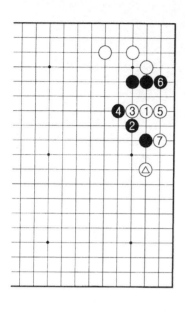

[그림 5] 백의 침입이 성립

백△가 있으면 흑이 보강을 게을리 하면 ①의 침입수가 유력하다. 이하 ⑦까지 진행된다. 백은 흑집을 유린 하고 △과 연결하여서는 참을 수가 없다.

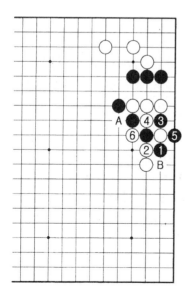

[그림 6] 흑의 발악

연결을 방해하기 위해 ❶로 젖혀도 ②에서 ⑥ 이하 흑은 피해가 더 크 게된다.

8. 벌림의 요령

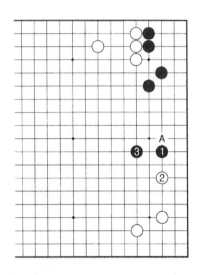

[그림 1] 벌림의 요령

흑이 벌린다면 A의 자리가 상식이며 적당하다. 그러나 ❶처럼 한 칸 더 벌릴 수도 있으나 백이 뛰어들 공산이 많다. ❶일 때 백이 ②로 받아만 준다면 흑은 더 바랄 것이 없으나 실전에서는 백이 반발할 확률이 높다.

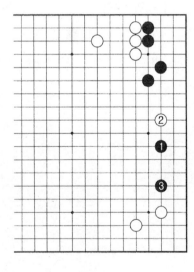

[그림 2] 백의 침입과 흑의 응수

백이 ②로 침입을 당하면 ❸으로 벌려 안정을 취한 후 ②의 침입수를 응징하는 맛으로 노린다.

☞ 세력으로의 침입

세력으로의 침입은 적진이나 세력을 파괴하는 것이 목적이고, 반대로 침입해 온 상대를 공격하여 이득을 취하는 것이 세력을 쌓은 자의 목적이다.

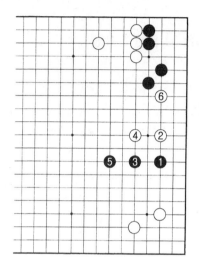

[그림 1] 벌림의 요령

흑이 욕심을 부려 ❶까지 벌리면 ②의 침입이 준엄하다. 백은 ②④⑥으로 안정을 취했으나 흑은 ❶❸❺로 세력도 아닌 말로 공중에 뜨게 된다.

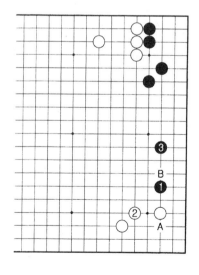

[그림 2] 눈 목(目)자 굳힘에서

백이 우하귀에서 눈 목(目)자로 굳혀 있는 상태에서 ❶로 바짝 다가선 상황이다. 백에게는 나중에 흑이 A로 붙이는 맛이 있어 ②로 지킬 때 흑은 ❸으로 벌려 안정을 취해 만족이다.

9. 중앙으로 뛰는 수

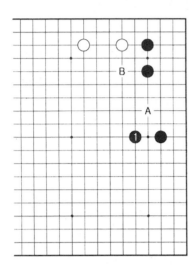

[그림 1] 별림의 요령

❶처럼 중앙으로 한 칸 뛰는 수는 세력과 집차지에 있어 능률적인 수이다. ❶로 A이면 집차지는 했을 뿐 다음에 발전할 수단이 없다. ❶로 뛰고 다시 흑 B로 뛸 수 있다면 집과 세력을 동시에 갖는 이상적인 진영이 될 것이다.

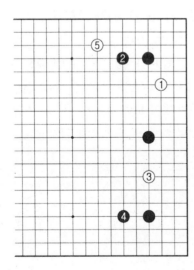

[그림 2] 6점 접바둑

①③으로 걸친 후 ⑤로 상변을 압박해 왔다. 이 모양에서 흑이 압도적으로 우세하다. 압도적인 흑의 우세를 극대화하려면 · · ·

변에서 중앙을 향해 뛰는 수는 자신의 세력확장과 상대를 공격
하는 데 대단히 유력한 수이다.

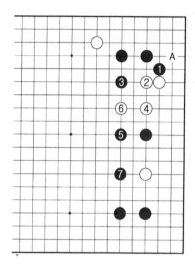

[그림 3] 흑의 공격요령 1

❶로 붙여 ②를 강요한 다음 ❸으로
한 칸 뛰는 수가 강력하다.
❶을 생략한 채 ❸으로 먼저 뛰면
백은 A로 달릴 여지가 있다. ❶은 A
로 달릴 여지를 미연에 방지한 수.
❺⑥❼로 백은 바빠지게 생겼다.
백이 잘못 두었다기 보다는 흑의 공
격이 훌륭하였다고 할 수 있다.

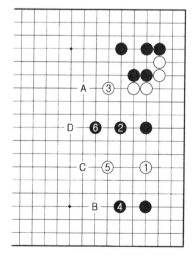

[그림 2] 흑의 공격요령 2

이 모양에서도 ❷의 한 칸 뛰기가 좋
다. ③은 절대수로 ❹⑤❻이면 흑
은 A와 C를 맞보기로 공격할 수 있
다.
만약 백 A이면 흑 B로 뛰고 백 C이
면 흑 D로 뛰어 백은 계속 곤경에 빠
진다.

10. 공격의 요령

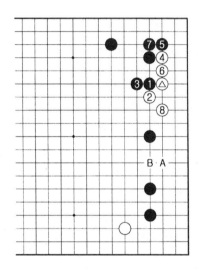

[그림 1] 초보자들의 속수

흑진의 △를 공격할 때 초보자들은 ❶로 붙이는 실수를 범하게 되는데, 이하 ⑧까지 백은 쉽게 안정이 되고 흑진에는 A 또는 B로 침입하는 노림수를 남기게 되었다. ❶❸으로 붙인 수가 백을 쉽게 수습하는데 도와준 꼴이 되었다.

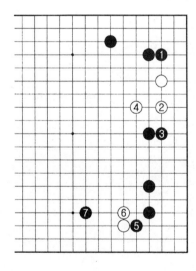

[그림 2] 준엄한 수 흑 ❶

❶이 귀를 지키면서 백에게 리듬을 주지 않는 준엄한 공격이다.
❺는 백을 무겁게 하여 공격하자는 의도로 상용수단이다. 이하 ❼까지 진행되었는데, 흑은 집의 이득을 보면서 백을 계속 궁지로 몰아간다.

공격하려는 돌에는 한 칸 떨어져서 공격하라. 공격할 상대의
돌에 붙이는 것은 상대에게 수습의 기회를 주기 쉬우므로 가급
적 삼가라

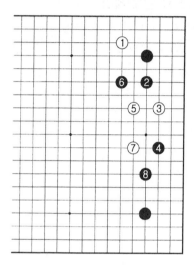

[그림 3] 문제

①이하 ❽까지 진행된 결과인데 백
이 가볍게 생각하고 손을 뺐다. 흑이
③⑤⑦에 대한 공격방법 중 가장 효
과적인 것은?

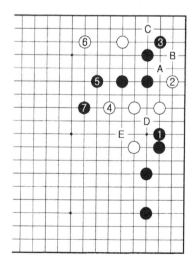

[그림 2] 공격의 급소

❶은 초급자들에게 쉽게 떠오르지 않
는 수이다. 이 수로 백은 숨통이 막
힌 모양이 되어 수습이 쉽지 않게 되
었다. ②에는 ❸이 바른 응수 A나 B
로 응수하면 백에게 C를 당하게 된
다. ❼까지 모자 씌우는 수까지 진행
되는데, 다음에 흑은 D로 들여다보아
백을 잇게 한 후 흑 E로 날카롭게 공
격한다.

11. 두점머리에 대한 상식

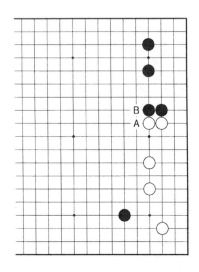

[그림 1] 문제 제기

흑백 2점씩 서로 붙어 있다.
이 경우에는 먼저 두점머리를 두드리
는 쪽이 유리한데 과연 그 결과가 어
떻게 될지 궁금하다.

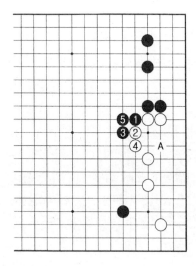

[그림 2] 흑이 먼저

❶로 두점머리를 두드린 후 ❸의 2
단 젖힘이 통렬하다. 흑의 모양은 활
짝 폈는데 비해 백의 모양은 상대적
으로 웅크려들었다. 더욱이 A에 치중
하는 뒷맛까지 생겼으니 이래서는 백
이 불만이다.

두점머리는 무조건 두들겨라 세력상의 요처이고 봉쇄의 지름길
이다. 맞아 본 사람만이 그 맛을 안다.

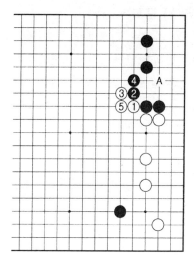

[그림 3] 백이 먼저

[그림 2]와는 반대현상이 일어난다.
흑의 모양이 앞의 [그림 2]에서 보는
상황과는 하늘과 땅 차이로 옹색해졌
다.

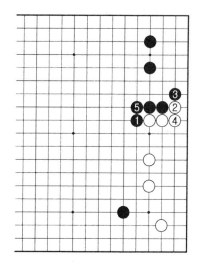

[그림 4] 바람직한 백의 응수

만약 ❶로 두점머리를 먼저 맞더라도
백은 ②④로 응수하면 [그림 2]보다
는 그 결과면에서 바람직하다고 할
수 있다.

12. 모자(帽子)에 대한 대책

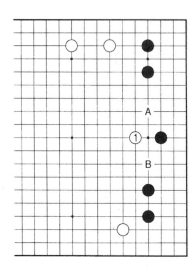

[그림 1] 모자

흑진의 발전을 저지하자는 의도에서 ①로 모자를 씌워왔다. 「모자는 날 일(日)자로 벗어라.」라고 하는 격언처럼 흑은 A 또는 B로 벗어야 하는데 어디를 선택해야 하나?

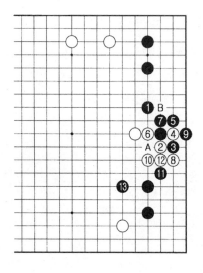

[그림 2] 올바른 곳

❶로 모자를 벗을 때 백은 ②이하 ⑩까지 수습하게 된다. 흑백 상호간 불만이 없는 절충이다.

모자는 상대의 세력을 약화시키는 삭감의 수단이며, 모자를 당하면 날 일(日)자로 벗는 것이 최선의 수단이다.

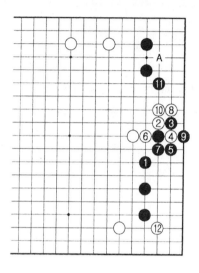

[그림 3] 방향이 틀렸다

[그림 2]와는 반대현상이 일어난다.

백은 ⑩까지 수습하면 ⑪은 생략할 수 없다. 백이 A로 들여다보면 우상귀에 소목으로 굳혀져 있는 흑 2점이 무력화되어 곤마로 전락할 가능성이 높다. 백에게 백⑫로 3·三 침입을 당해야 하는 아픔이 있다.

흑이 많이 당하여 좋은 결과로 볼 수 없다.

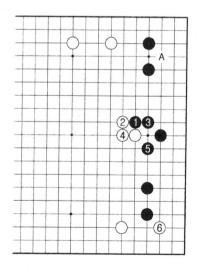

[그림 4] 색다른 응수

그림에서처럼 ❶로 붙여서 흑진의 분단을 막아 보자고 했는데 그러면 백은 ⑥의 3·三 침입이 용이해지고 또 우상귀의 A로 들여다보는 맛까지 발생했다. 역시 흑으로서는 좋은 결과라고 볼 수 없다.

13. 맞끊음

 「끊으면 뻗어라.」라는 격언처럼 맞끊긴 모양에서는 어느 한 쪽을 늘어야 한다.

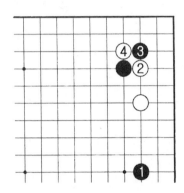

[그림 1] 맞끊음의 성과?

❶의 협공에 ②❸④로 흑백이 서로 맞끊긴 상황이다. 흑은 어느 쪽으로 뻗느냐가 문제이다.

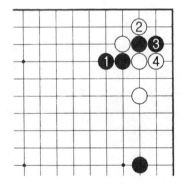

[그림 2] 난전으로

❶로 뻗어 ④까지 진행된 형태인데 귀의 흑 2점을 버리자니 아깝고 이것을 살리게 되면 바깥쪽이 약해지니 골치가 아프다. 애초 [그림 1]에서 백이 ②④로 붙여 끊음은 난전으로 몰고 가자는 백의 의도였다. 이 의도에 흑이 말려든 느낌이다.

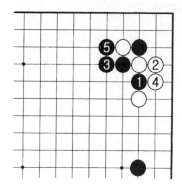

[그림 3] 알기 쉽게

흑은 늘기 전에 ❶로 단수치는 것이 좋은 수순이다. ②로 받으면 그 때 ❸으로 늘어둔다. 상호 호각의 절충이다.

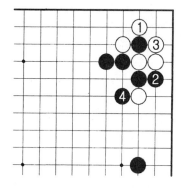

[그림 4] 흑의 대만족

[그림 3]의 ④대신 ①로 귀쪽의 흑 1점을 잡으면 흑은 ❷❹로 틀을 잡는데 이 모양은 흑의 대만족이다.

14. 사석(捨石)작전

 돌을 살리어도 중요하지만 자신의 돌을 사석으로 활용하여 더 큰 이득을 취하는 것도 중요한 기술이다.

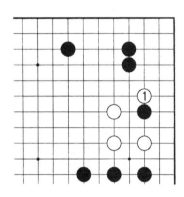

[그림 1] 백 3점의 수습책

흑진 속에 백 3점이 고립되어 있다. 그러나 ①로 붙이는 수법으로 백은 수습을 하려고 한다.

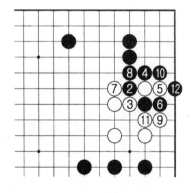

[그림 2] 절묘한 사석작전

백은 2점을 사석으로 ⑪까지 멋지게 모양을 정비하게 된다.

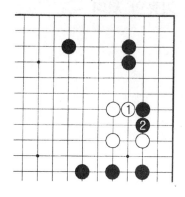

[그림 3] 백 무겁다

①로 치받으면 흑도 ❷로 치받게 되어 오히려 흑돌이 더욱 무거워지게 될 가능성이 커졌다.

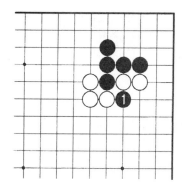

[그림 4] 백 2점의 취사(取捨)?

❶로 끊어왔을 때 백의 응수는?

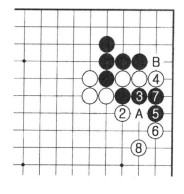

[그림 5] 사석작전

백②이하 ⑧까지 백은 사석작전으로 중앙에 세력을 구축하여 불만이 없다. 만약에 끊긴 백 2점을 끌고 나갔으면 상당히 불리한 형국이 되었을 것이다.

혈액형으로 알아보는 기풍의 차이

B형 3·三은 B형의 기풍

B형의 특징
사냥을 하여 생활을 하는 수렵민족과 같은 성격

3·三의 특징
- 3·三은 3선(실리선)에 자리잡아 근거를 중시 여긴다.
- 3·三은 귀를 한 수로 차지하는 장점이 있는 반면에 상대방이 화점에 두면 봉쇄 당하는 약점이 있다.
- 3·三은 철저한 실리바둑이다.

기풍진단
3·三은 귀를 한 수에 지키듯 B형 역시 창이나, 화살로 한번에 상대를 맞추어야 한다. 3·三의 약점은 상대가 화점으로 덮어씌우면 중앙진출이 어렵듯이 B형의 약점도 자신을 노출하지 못하고 나무 뒤나, 엎드려서 사냥을 해야 하는 것이 3·三과 B형의 기풍이 일치하지 않는가.

B형의 한국프로기사
김수장 9단, 조대현 8단, 정대상 7단, 김승준 5단, 이성재 4단.

B형의 일본프로기사
조치훈 9단, 린 하이펑(林海峰) 9단, 가지와라 다케오(尾原武雄) 9단.

☞ 221쪽에 계속

4부

◆

포석 훈련장

바둑판의 급소

● 흑선으로 A, B, C, D 중 가장 시급한 곳은?

1

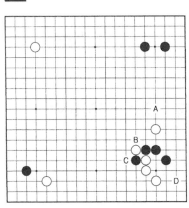

2

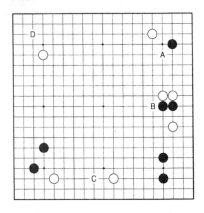

3

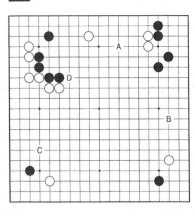

4

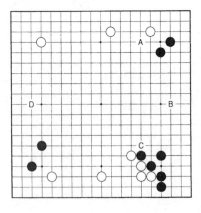

바둑판의 급소

● 흑선으로 A, B, C, D 중 가장 시급한 곳은?

5

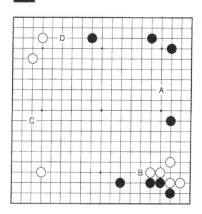

6

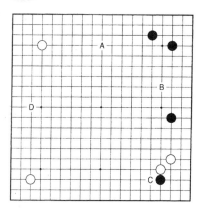

7

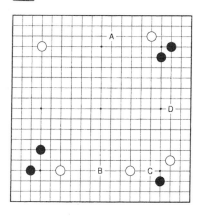

8

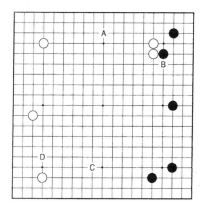

바둑판의 급소

● 흑선으로 A, B, C, D 중 가장 시급한 곳은?

9

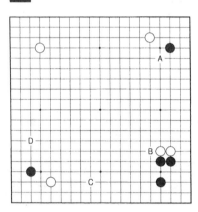

10

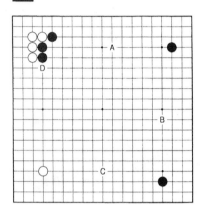

11

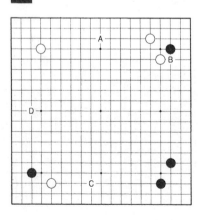

12

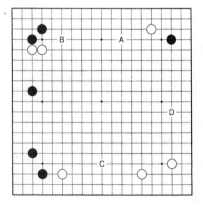

바둑판의

● 흑선으로 A, B, C, D 중 가장 시급한 곳은?

13

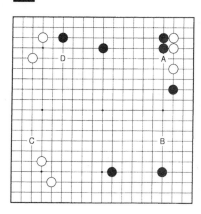

14

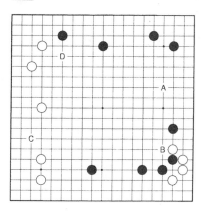

15

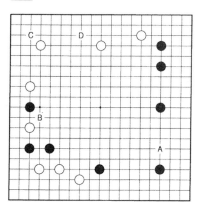

16

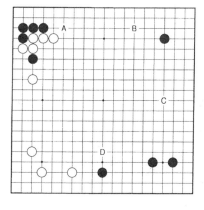

● 흑선으로 A, B, C, D 중 가장 시급한 곳은?

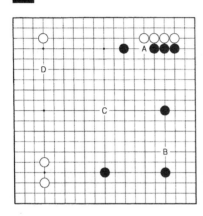

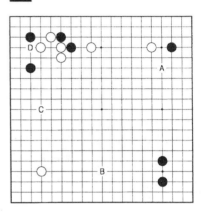

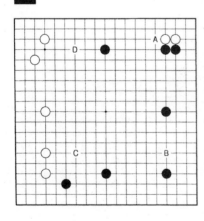

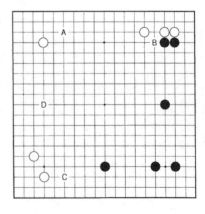

● 흑선으로 A, B, C, D 중 가장 시급한 곳은?

21
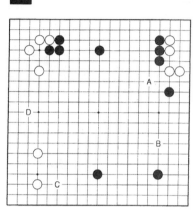

22
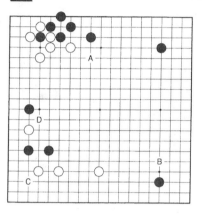

23
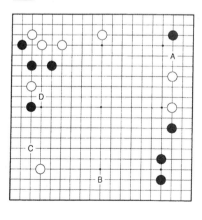

24
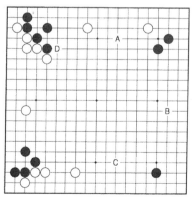

바둑판의 급소

● 흑선으로 A, B, C, D 중 가장 시급한 곳은 ?

25

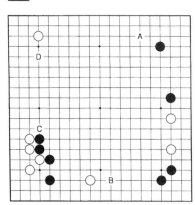

26

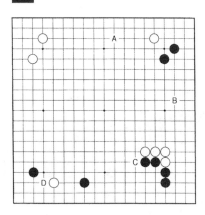

27

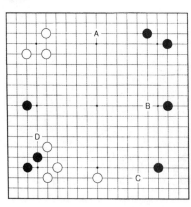

28

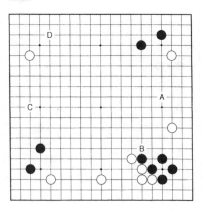

● 흑선으로 A, B, C, D 중 가장 시급한 곳은?

29

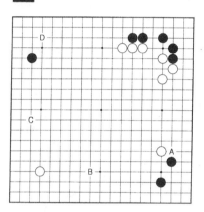

30

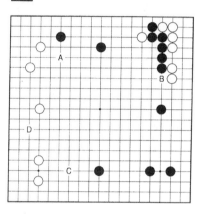

31

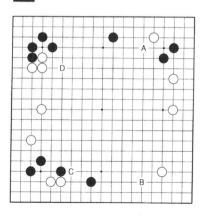

32

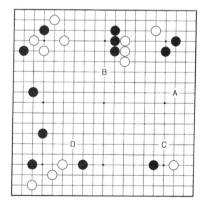

바둑판의 급소

● 흑선으로 A, B, C, D 중 가장 시급한 곳은?

33

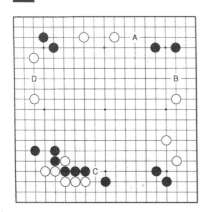

34

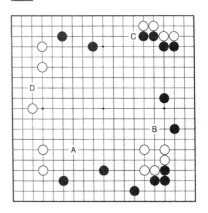

35

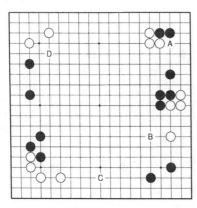

36

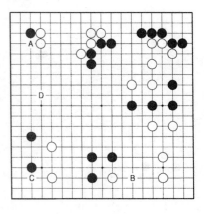

● 흑선으로 A, B, C, D 중 가장 시급한 곳은?

37

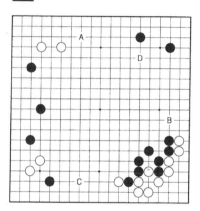

38

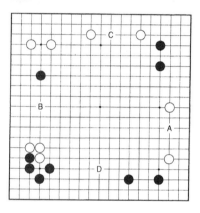

39

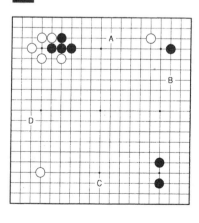

40

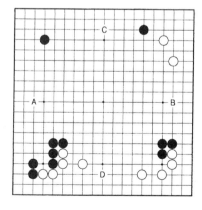

바둑판의 급소

● 흑선으로 A, B, C, D 중 가장 시급한 곳은?

41

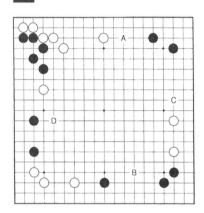

42

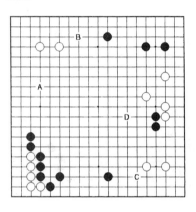

43

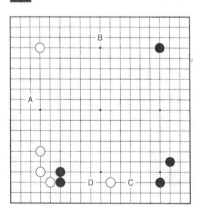

44

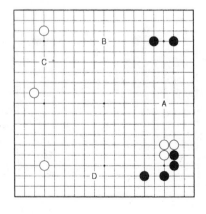

바둑판의 급소

● 흑선으로 A, B, C, D 중 가장 시급한 곳은?

45

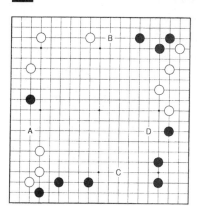

46

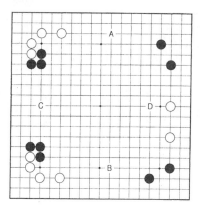

47

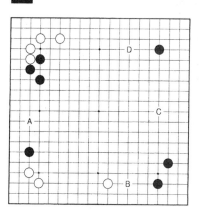

48

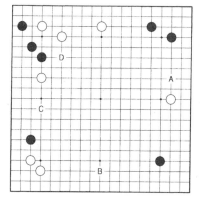

● 흑선으로 A, B, C, D 중 가장 시급한 곳은 ?

49

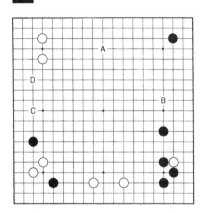

50

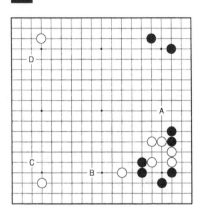

51

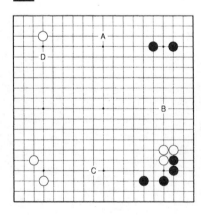

52

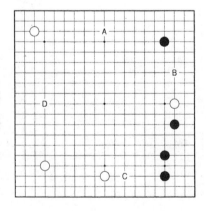

바둑판의 급소

● 흑선으로 A, B, C, D 중 가장 시급한 곳은?

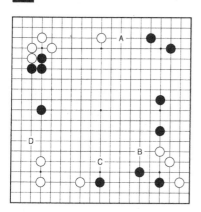

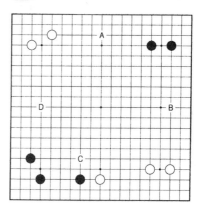

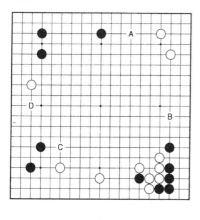

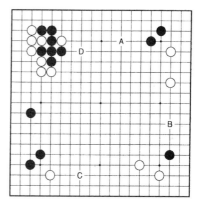

● 흑선으로 A, B, C, D 중 가장 시급한 곳은?

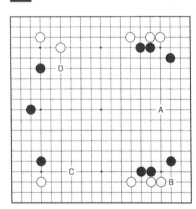

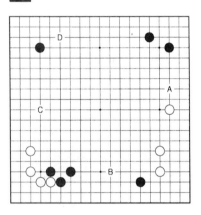

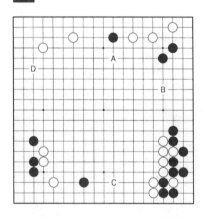

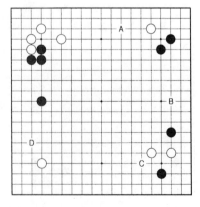

● 흑선으로 A, B, C, D 중 가장 시급한 곳은?

61

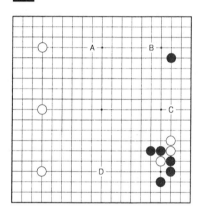

62

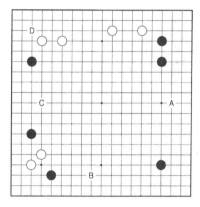

63

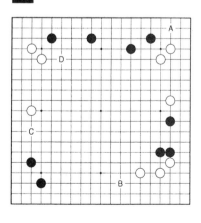

64

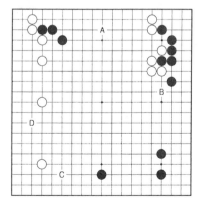

바둑판의 급소

● 흑선으로 A, B, C, D 중 가장 시급한 곳은?

65

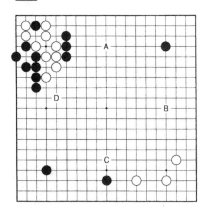

66

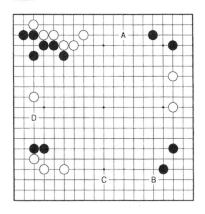

67

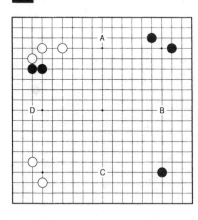

68

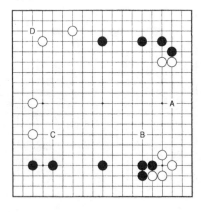

바둑판의 급소

● 흑선으로 A, B, C, D 중 가장 시급한 곳은?

69

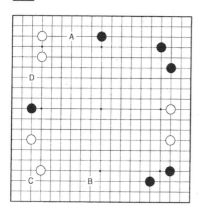

70

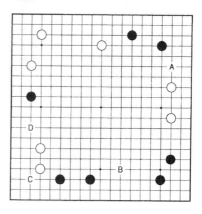

71

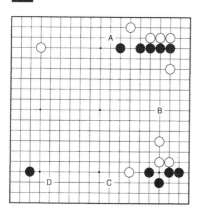

72

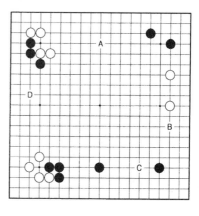

바둑판의 급소

● 흑선으로 A, B, C, D 중 가장 시급한 곳은?

73

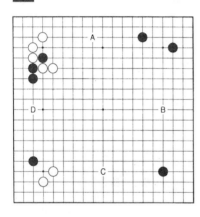

74

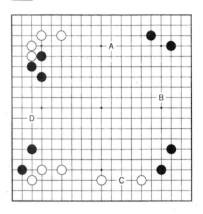

75

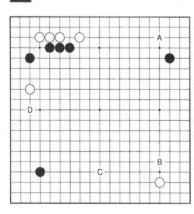

76

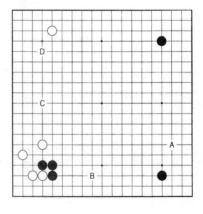

바둑판의 급소

● 흑선으로 A, B, C, D 중 가장 시급한 곳은?

77

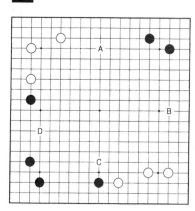

78

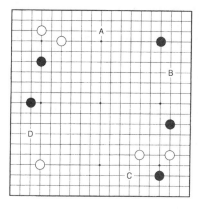

79

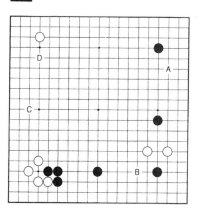

80

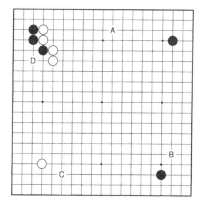

바둑판의 급소

● 흑선으로 A, B, C, D 중 가장 시급한 곳은?

81

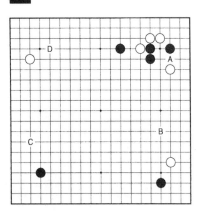

82

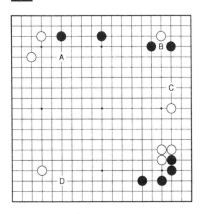

83

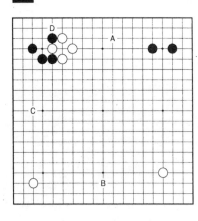

84

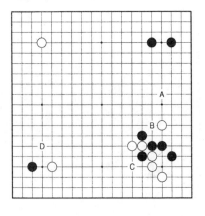

바둑판의 급소

● 흑선으로 A, B, C, D 중 가장 시급한 곳은?

85

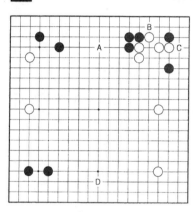

86

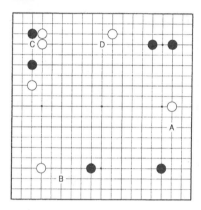

87

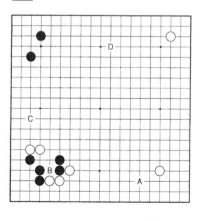

88

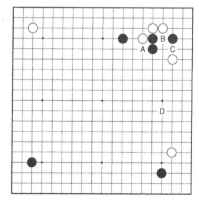

● 흑선으로 A, B, C, D 중 가장 시급한 곳은?

89

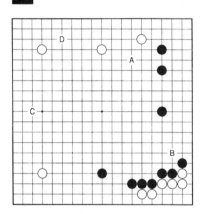

90

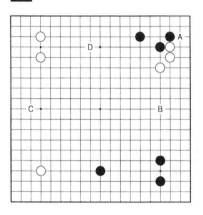

91

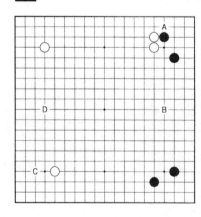

92

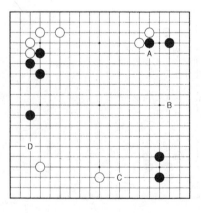

바둑판의 급소

● 흑선으로 A, B, C, D 중 가장 시급한 곳은?

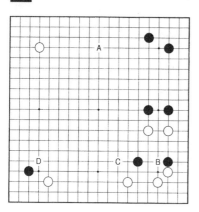

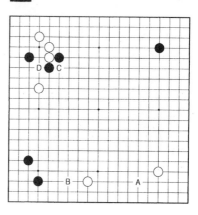

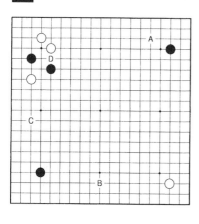

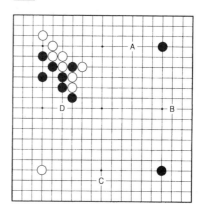

바둑판의 급소

● 흑선으로 A, B, C, D 중 가장 시급한 곳은?

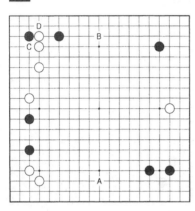

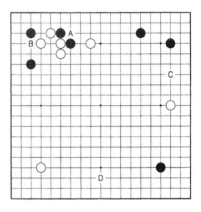

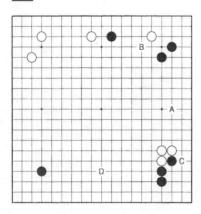

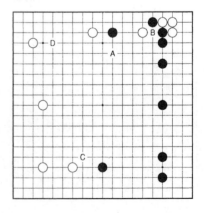

● 흑선으로 A, B, C, D 중 가장 시급한 곳은?

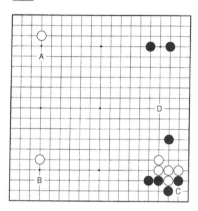

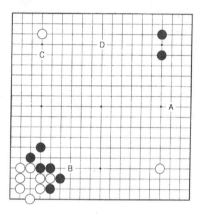

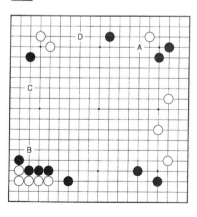

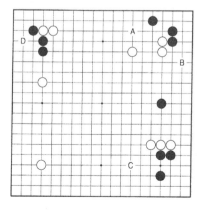

바둑판의 급소

● 흑선으로 A, B, C, D 중 가장 시급한 곳은?

105

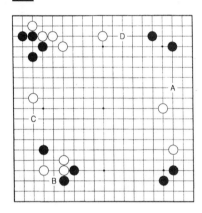

106

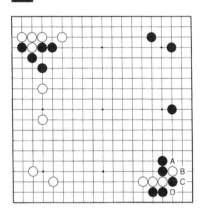

107

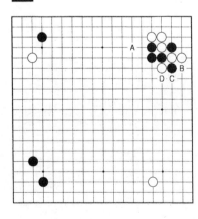

108

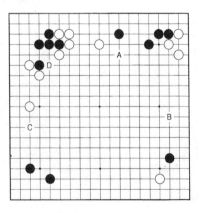

바둑판의 급소

● 흑선으로 A, B, C, D 중 가장 시급한 곳은 ?

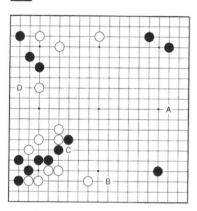

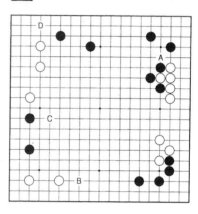

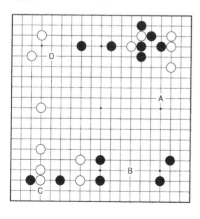

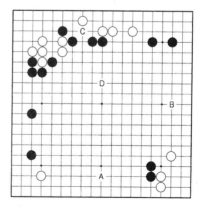

바둑판의 급소

● 흑선으로 A, B, C, D 중 가장 시급한 곳은?

113

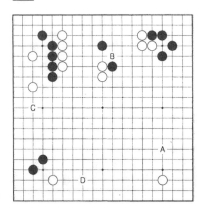

114

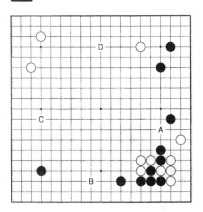

1

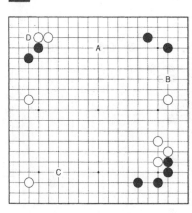

2

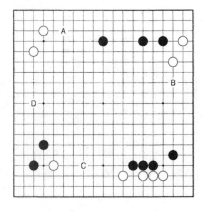

바둑판의

● 흑선으로 A, B, C, D 중 가장 시급한 곳은?

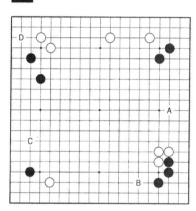

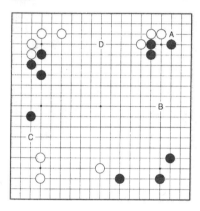

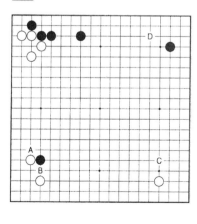

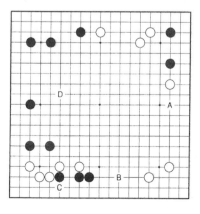

바둑판의 급소

● 흑선으로 A, B, C, D 중 가장 시급한 곳은?

7

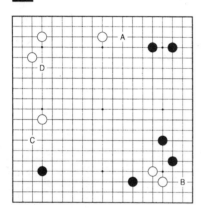

8

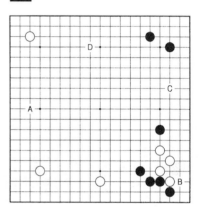

9

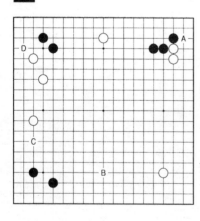

10

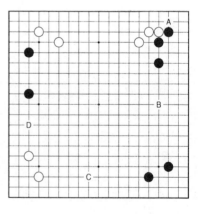

바둑판의 급소

● 흑선으로 A, B, C, D 중 가장 시급한 곳은?

11

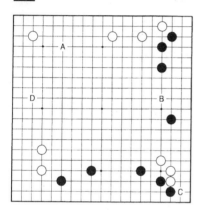

12

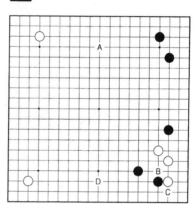

13

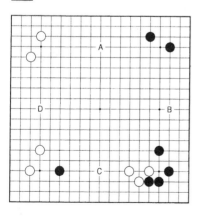

14

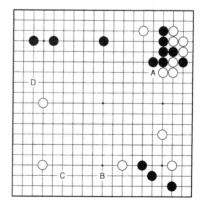

바둑판의 **급소**

● 흑선으로 A, B, C, D 중 가장 시급한 곳은?

15

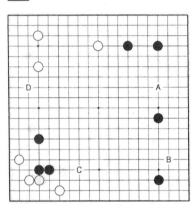

16

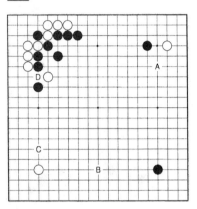

17

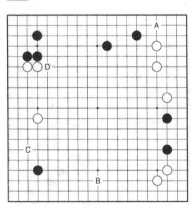

18

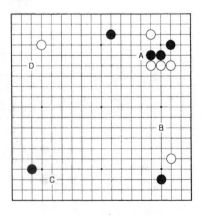

● 혈액형으로 알아보는 기풍의 차이 ●

● AB형 외목(外目)은 AB형의 기풍

AB형의 특징
자신보다는 남을 위해 봉사하는 사회분류형

외목(外目)의 특징
- 외목은 3선의 실리선이지만 공격과 수비적 이다.
- 외목은 굳힘을 할 수도 있고, 세력을 펼칠 수도 있다.
- 외목은 뒷심이 부족할 경우 스스로 무너지는 약점이 있다.
- 외목은 거대한 세력을 구축하여 화려한 바둑을 구사한다.

기풍진단
외목은 실리에 자리잡지만 그 취향은 화려함을 추구한다. AB형 역시 내면보다는 바깥쪽으로의 화려함에 많이 치중한다. 외목은 굳힘과 세력을 상대의 응수에 따라 변하듯이 외목이나 AB형의 기풍이 유사하지 않은가.

B형의 한국프로기사
김희중 9단, 양상국 8단, 최규병 8단.

B형의 일본프로기사
이시다 요시오(石田芳夫) 9단, 구토 노리오(工藤紀夫) 9단.

☞ 255쪽에 계속

5부

◆

해 답

2 부

문 제 풀 이

▌가급적이면 해답을 보지 않고 문제를 푸는 습관을 길러야 한다 ▌

1. 자충 (20문제)　　해답

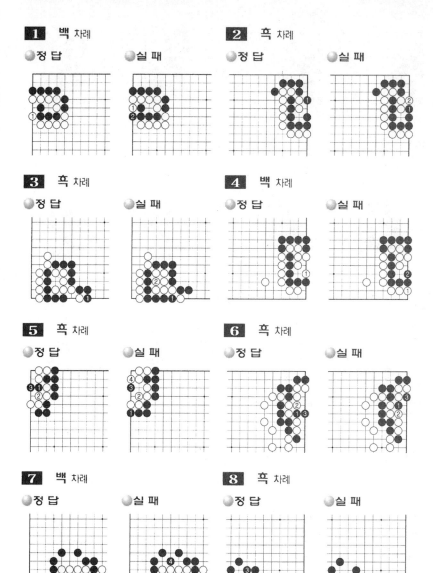

1 백 차례
　●정 답　　●실 패

2 흑 차례
　●정 답　　●실 패

3 흑 차례
　●정 답　　●실 패

4 백 차례
　●정 답　　●실 패

5 흑 차례
　●정 답　　●실 패

6 흑 차례
　●정 답　　●실 패

7 백 차례
　●정 답　　●실 패

8 흑 차례
　●정 답　　●실 패

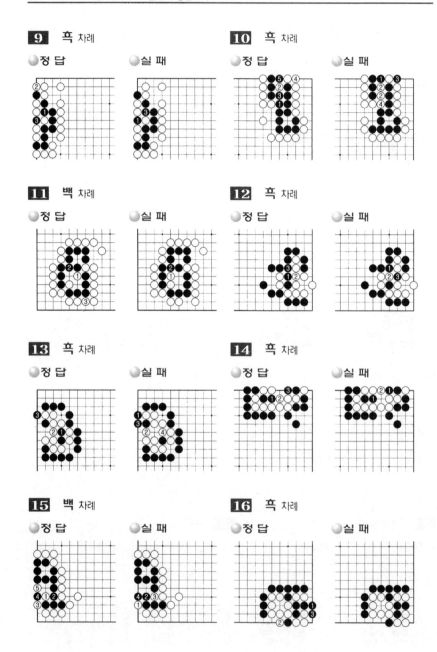

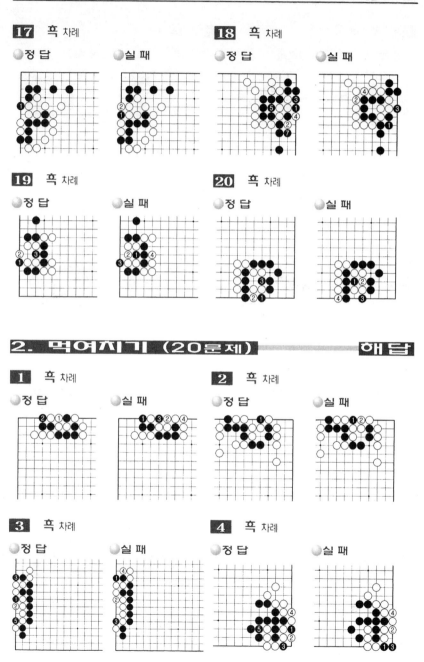

17 흑 차례

●정 답　　●실 패

18 흑 차례

●정 답　　●실 패

19 흑 차례

●정 답　　●실 패

20 흑 차례

●정 답　　●실 패

2. 먹여지기 (20문제)　　해답

1 흑 차례

●정 답　　●실 패

2 흑 차례

●정 답　　●실 패

3 흑 차례

●정 답　　●실 패

4 흑 차례

●정 답　　●실 패

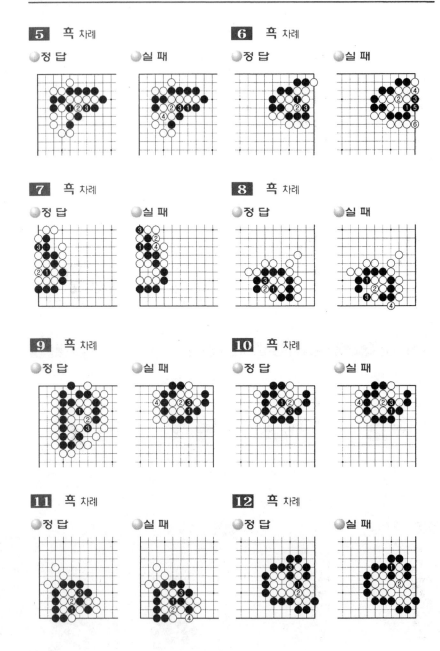

5 흑 차례

● 정 답　　● 실 패

6 흑 차례

● 정 답　　● 실 패

7 흑 차례

● 정 답　　● 실 패

8 흑 차례

● 정 답　　● 실 패

9 흑 차례

● 정 답　　● 실 패

10 흑 차례

● 정 답　　● 실 패

11 흑 차례

● 정 답　　● 실 패

12 흑 차례

● 정 답　　● 실 패

13 흑 차례

● 정 답   ● 실 패

14 흑 차례

● 정 답   ● 실 패

15 백 차례

● 정 답   ● 실 패

16 흑 차례

● 정 답   ● 실 패

17 흑 차례

● 정 답   ● 실 패

18 흑 차례

● 정 답   ● 실 패

19 흑 차례

● 정 답   ● 실 패

20 흑 차례

● 정 답   ● 실 패

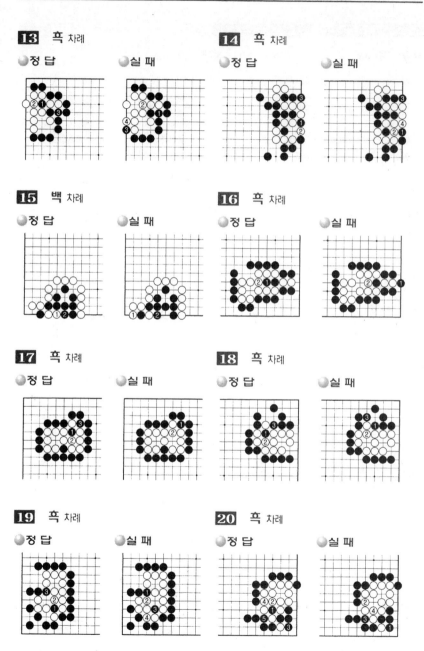

3. 끼우기 (12문제)　　　해답

1 흑 차례

● 정 답　　● 실 패

2 흑 차례

● 정 답　　● 실 패

3 흑 차례

● 정 답　　● 실 패

4 흑 차례

● 정 답　　● 실 패

5 흑 차례

● 정 답　　● 실 패

6 백 차례

● 정 답　　● 실 패

7 흑 차례

● 정 답　　● 실 패

8 흑 차례

● 정 답　　● 실 패

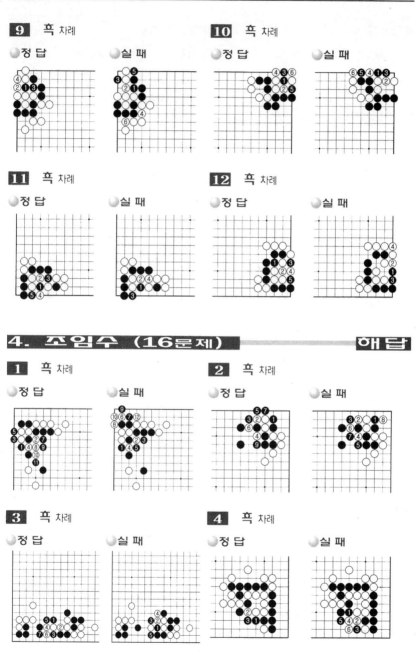

9 흑 차례

● 정답   ● 실패

10 흑 차례

● 정답   ● 실패

11 흑 차례

● 정답   ● 실패

12 흑 차례

● 정답   ● 실패

4. 조임수 (16문제)   해답

1 흑 차례

● 정답   ● 실패

2 흑 차례

● 정답   ● 실패

3 흑 차례

● 정답   ● 실패

4 흑 차례

● 정답   ● 실패

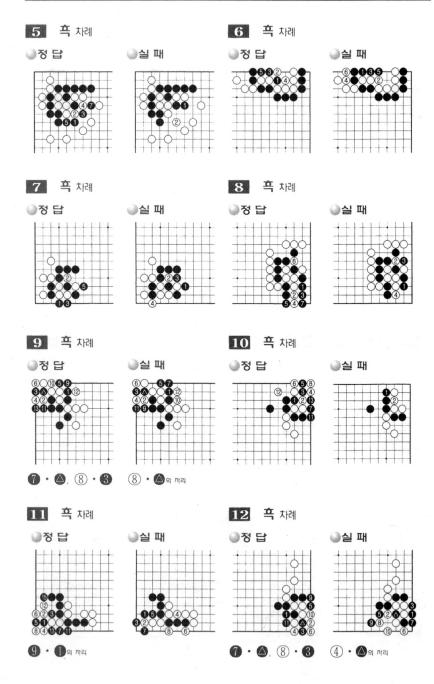

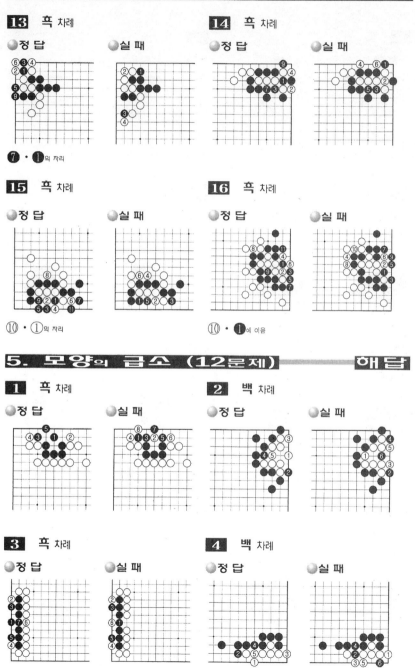

13 흑 차례

● 정 답   ● 실 패

❼ · ❶의 자리

14 흑 차례

● 정 답   ● 실 패

15 흑 차례

● 정 답   ● 실 패

⑩ · ①의 자리

16 흑 차례

● 정 답   ● 실 패

⑩ · ❶에 이음

5. 모양의 급소 (12문제)   해답

1 흑 차례

● 정 답   ● 실 패

2 백 차례

● 정 답   ● 실 패

3 흑 차례

● 정 답   ● 실 패

4 백 차례

● 정 답   ● 실 패

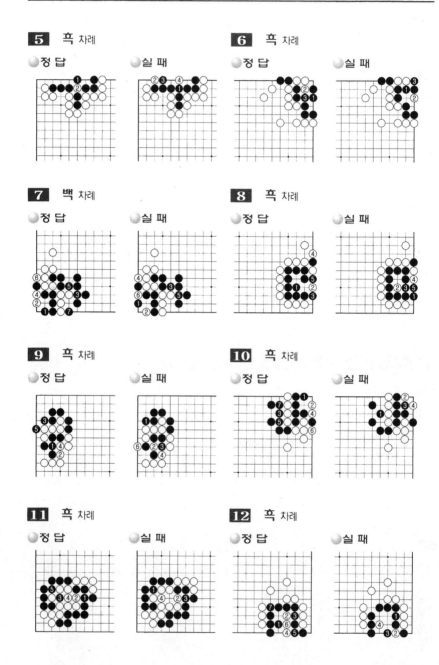

5 흑 차례

●정 답　　　●실 패

6 흑 차례

●정 답　　　●실 패

7 백 차례

●정 답　　　●실 패

8 흑 차례

●정 답　　　●실 패

9 흑 차례

●정 답　　　●실 패

10 흑 차례

●정 답　　　●실 패

11 흑 차례

●정 답　　　●실 패

12 흑 차례

●정 답　　　●실 패

6. 1선에 뻗는 맥 (20문제) 해답

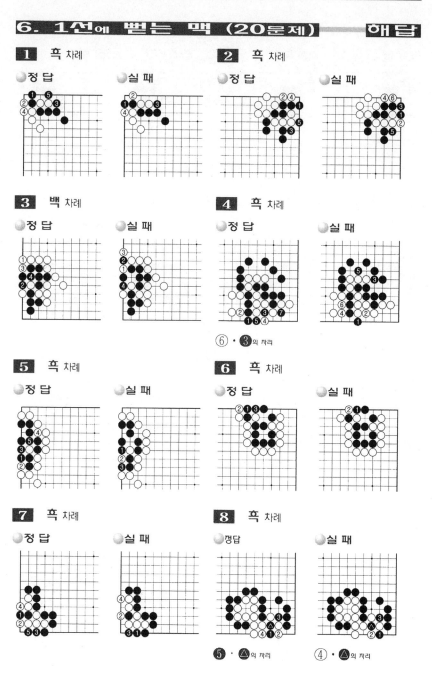

1 흑 차례

●정답 ●실패

2 흑 차례

●정답 ●실패

3 백 차례

●정답 ●실패

4 흑 차례

●정답 ●실패

⑥ · ❸의 자리

5 흑 차례

●정답 ●실패

6 흑 차례

●정답 ●실패

7 흑 차례

●정답 ●실패

8 흑 차례

●정답 ●실패

❺ · ▲의 자리   ④ · ▲의 자리

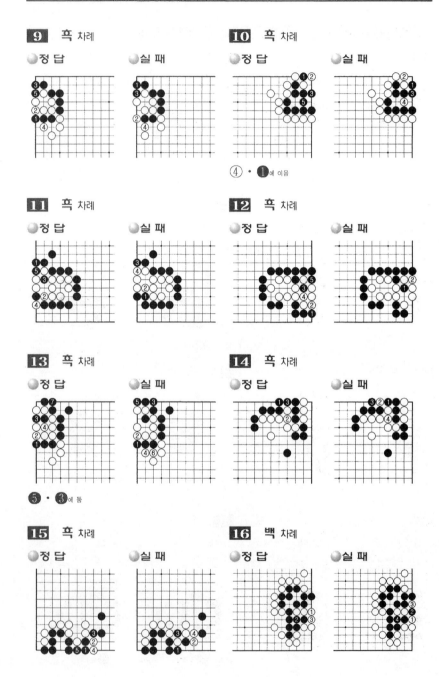

9 흑 차례

● 정 답   ● 실 패

10 흑 차례

● 정 답   ● 실 패

④ · ❶에 이음

11 흑 차례

● 정 답   ● 실 패

12 흑 차례

● 정 답   ● 실 패

13 흑 차례

● 정 답   ● 실 패

❺ · ❸에 둠

14 흑 차례

● 정 답   ● 실 패

15 흑 차례

● 정 답   ● 실 패

16 백 차례

● 정 답   ● 실 패

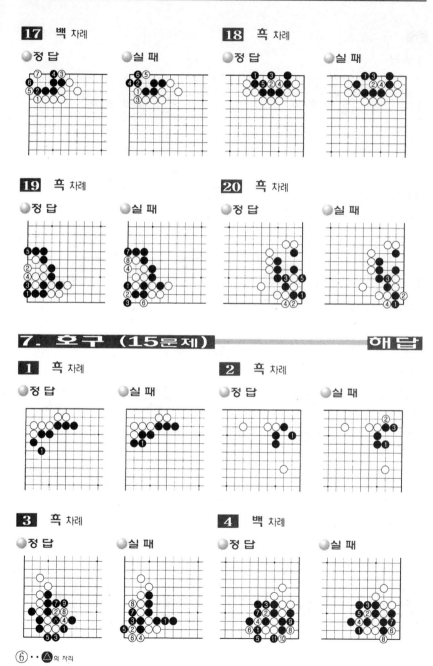

17 백 차례

●정 답   ●실 패

18 흑 차례

●정 답   ●실 패

19 흑 차례

●정 답   ●실 패

20 흑 차례

●정 답   ●실 패

7. 호구 (15문제)   해답

1 흑 차례

●정 답   ●실 패

2 흑 차례

●정 답   ●실 패

3 흑 차례

●정 답   ●실 패

4 백 차례

●정 답   ●실 패

⑥··▲의 자리

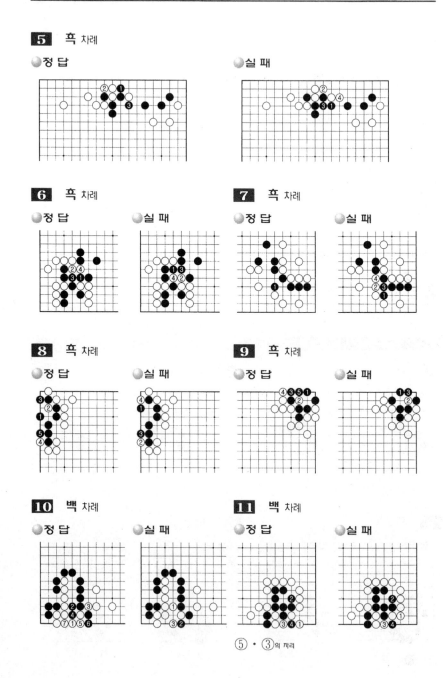

5 흑 차례

● 정 답   ● 실 패

6 흑 차례

● 정 답   ● 실 패

7 흑 차례

● 정 답   ● 실 패

8 흑 차례

● 정 답   ● 실 패

9 흑 차례

● 정 답   ● 실 패

10 백 차례

● 정 답   ● 실 패

11 백 차례

● 정 답   ● 실 패

⑤ · ③의 자리

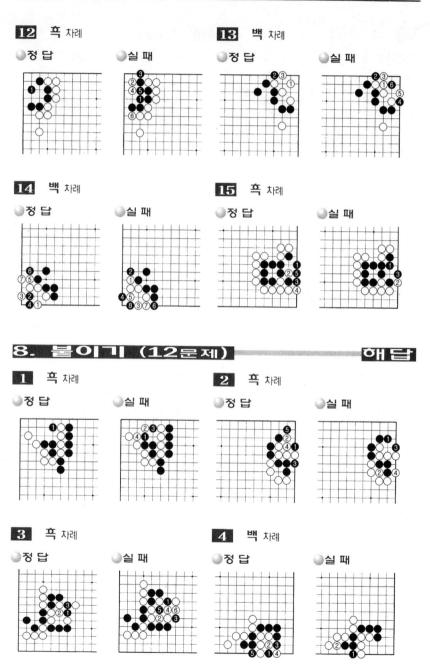

8. 붙이기 (12문제) 해답

5 백 차례
●정 답   ●실 패

6 흑 차례
●정 답   ●실 패

7 백 차례
●정 답   ●실 패

8 백 차례
●정 답   ●실 패

9 흑 차례
●정 답   ●실 패

10 백 차례
●정 답   ●실 패

11 흑 차례
●정 답   ●실 패

12 흑 차례
●정 답   ●실 패

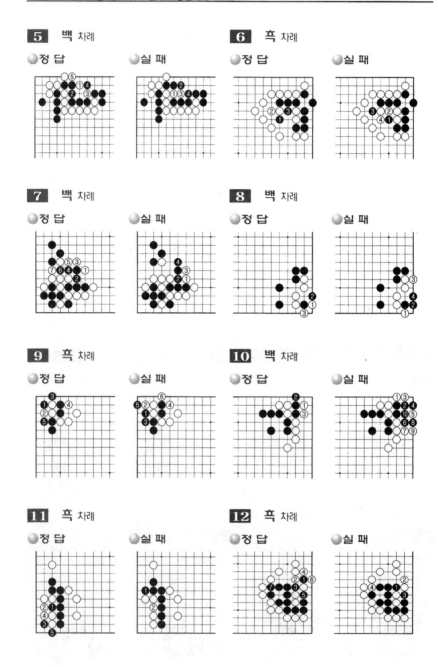

9. 뛰기 (16문제)　　　해답

1　흑 차례

● 정 답　　　● 실 패

2　흑 차례

● 정 답　　　● 실 패

3　백 차례

● 정 답　　　● 실 패

4　흑 차례

● 정 답　　　● 실 패

5　흑 차례

● 정 답　　　● 실 패

6　흑 차례

● 정 답　　　● 실 패

7　백 차례

● 정 답　　　● 실 패

8　백 차례

● 정 답　　　● 실 패

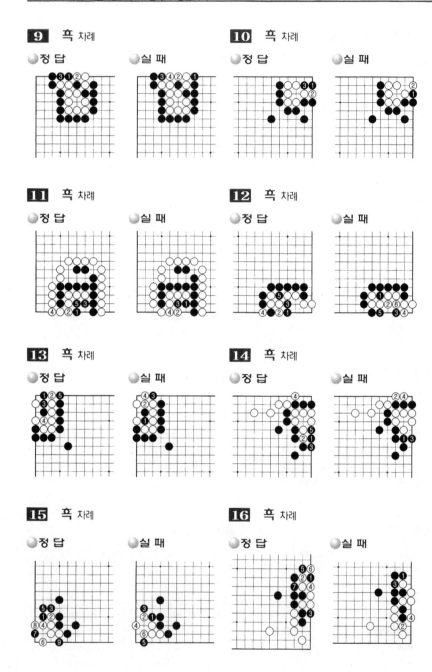

9 흑 차례

◑정 답　　◑실 패

10 흑 차례

◑정 답　　◑실 패

11 흑 차례

◑정 답　　◑실 패

12 흑 차례

◑정 답　　◑실 패

13 흑 차례

◑정 답　　◑실 패

14 흑 차례

◑정 답　　◑실 패

15 흑 차례

◑정 답　　◑실 패

16 흑 차례

◑정 답　　◑실 패

10. 찌르기 (16문제)　　　해답

1 흑 차례
● 정 답　　● 실 패

2 흑 차례
● 정 답　　● 실 패

3 흑 차례
● 정 답　　● 실 패

4 흑 차례
● 정 답　　● 실 패

5 흑 차례
● 정 답　　● 실 패

⑥··❶의 자리

6 백 차례
● 정 답　　● 실 패

7 흑 차례
● 정 답　　● 실 패

8 흑 차례
● 정 답　　● 실 패

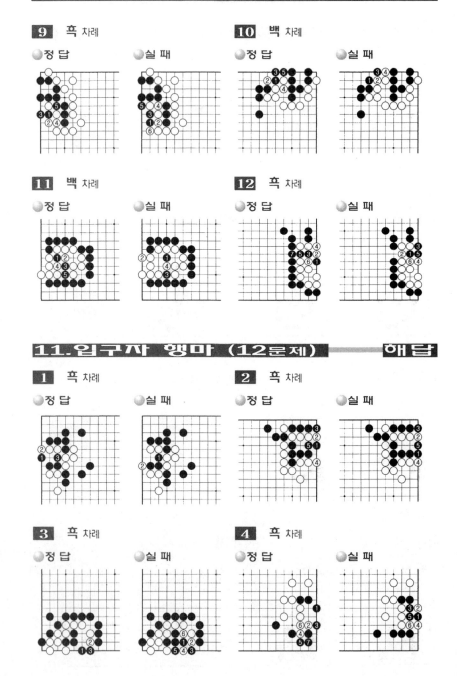

9 흑 차례

● 정 답   ● 실 패

10 백 차례

● 정 답   ● 실 패

11 백 차례

● 정 답   ● 실 패

12 흑 차례

● 정 답   ● 실 패

11. 일구자 행마 (12문제) ━━ 해답

1 흑 차례

● 정 답   ● 실 패

2 흑 차례

● 정 답   ● 실 패

3 흑 차례

● 정 답   ● 실 패

4 흑 차례

● 정 답   ● 실 패

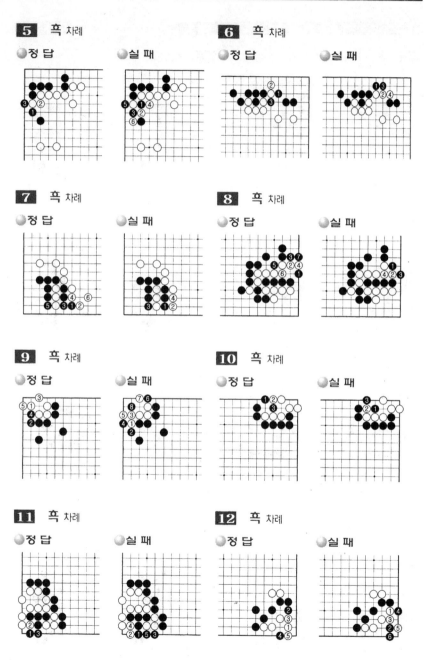

12. 치중수 (12문제) 해답

1 흑 차례

⚫정 답　　⚫실 패

2 흑 차례

⚫정 답　　⚫실 패

3 흑 차례

⚫정 답　　⚫실 패

4 흑 차례

⚫정 답　　⚫실 패

5 흑 차례

⚫정 답　　⚫실 패

6 흑 차례

⚫정 답　　⚫실 패

7 흑 차례

⚫정 답　　⚫실 패

8 흑 차례

⚫정 답　　⚫실 패

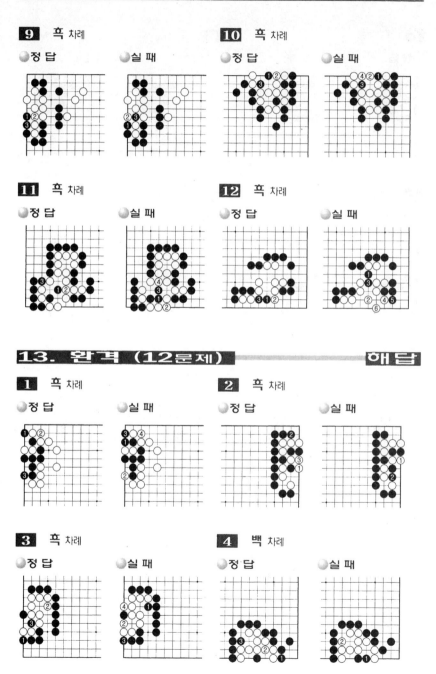

9 흑 차례
⬤정 답　⬤실 패

10 흑 차례
⬤정 답　⬤실 패

11 흑 차례
⬤정 답　⬤실 패

12 흑 차례
⬤정 답　⬤실 패

13. 환격 (12문제)　해답

1 흑 차례
⬤정 답　⬤실 패

2 흑 차례
⬤정 답　⬤실 패

3 흑 차례
⬤정 답　⬤실 패

4 백 차례
⬤정 답　⬤실 패

5 흑 차례

●정 답   ●실 패

6 흑 차례

●정 답   ●실 패

7 흑 차례

●정 답   ●실 패

8 흑 차례

●정 답   ●실 패

9 흑 차례

●정 답   ●실 패

10 흑 차례

●정 답   ●실 패

11 흑 차례

●정 답   ●실 패

12 흑 차례

●정 답   ●실 패

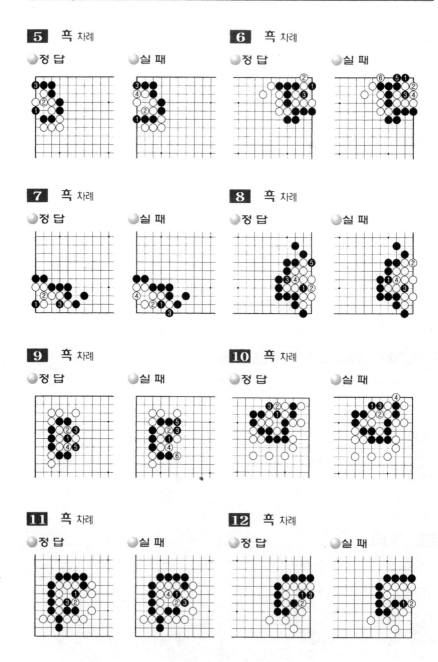

14. 젖힘 (12문제) 해답

1 백 차례

●정 답 ●실 패

2 흑 차례

●정 답 ●실 패

3 흑 차례

●정 답 ●실 패

4 흑 차례

●정 답 ●실 패

5 흑 차례

●정 답 ●실 패

6 흑 차례

●정 답 ●실 패

7 흑 차례

●정 답 ●실 패

8 흑 차례

●정 답 ●실 패

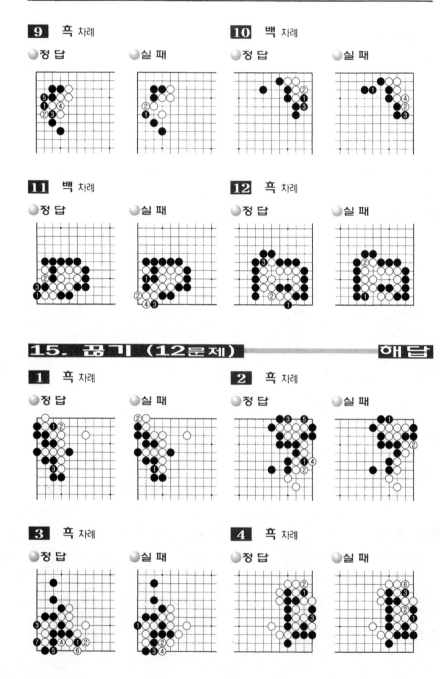

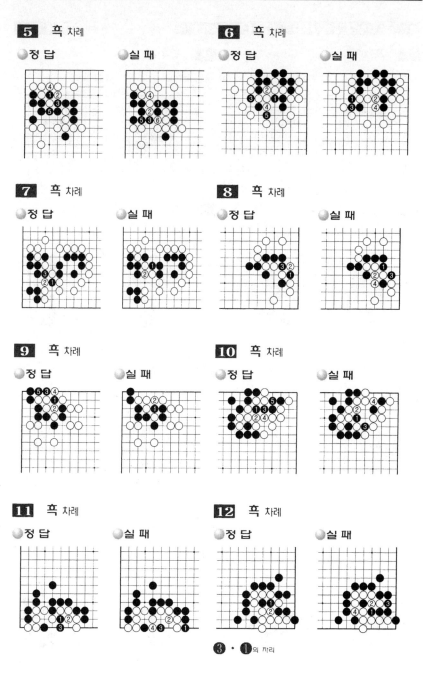

5 흑 차례
●정답   ●실패

6 흑 차례
●정답   ●실패

7 흑 차례
●정답   ●실패

8 흑 차례
●정답   ●실패

9 흑 차례
●정답   ●실패

10 흑 차례
●정답   ●실패

11 흑 차례
●정답   ●실패

12 흑 차례
●정답   ●실패

❸ · ❶의 자리

■ 종합문제 (20문제)   해답

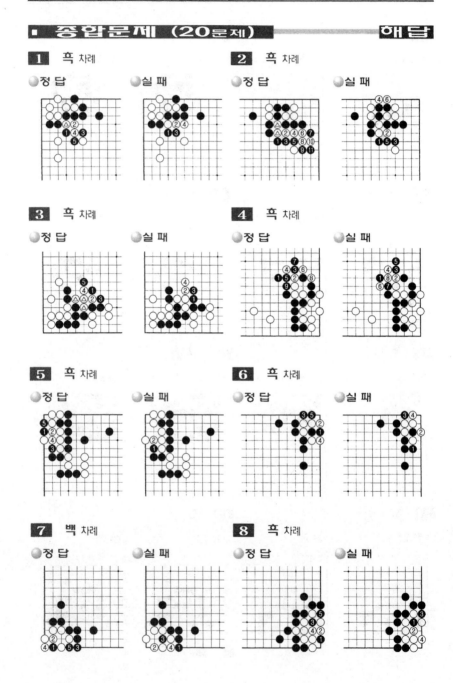

1 흑 차례
  ○정답   ○실패

2 흑 차례
  ○정답   ○실패

3 흑 차례
  ○정답   ○실패

4 흑 차례
  ○정답   ○실패

5 흑 차례
  ○정답   ○실패

6 흑 차례
  ○정답   ○실패

7 백 차례
  ○정답   ○실패

8 흑 차례
  ○정답   ○실패

5부 해답···253

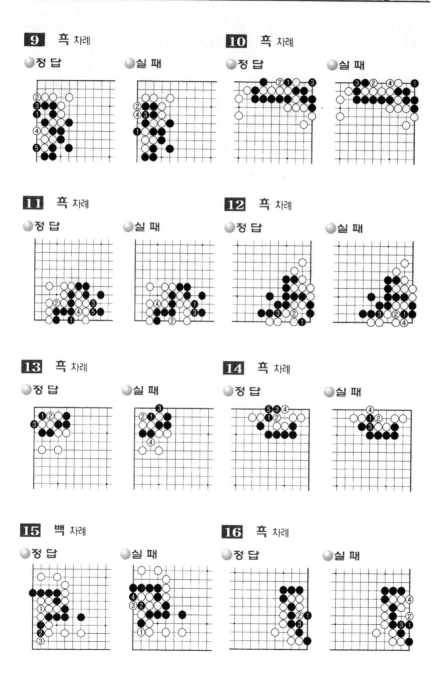

17 흑 차례

●정 답

●실 패

18 흑 차례

●정 답

●실 패

19 흑 차례

●정 답

●실 패

20 흑 차례

●정 답

●실 패

● 혈액형으로 알아보는 기풍의 차이 ●

●○○형 고목(高目)은 ○○형의 기풍

○○형의 특징
막강한 파괴력으로 상대를 제압하는 타입

고목(高目)의 특징
- 고목은 4선의 세력선과 5선의 더 강한 세력에 자리를 잡고 있다.
- 거미가 거미줄을 치고 상대가 걸려들길 기다리듯이 허술함으로 위장하여 상대가 들어오길 기다린다.
- 상대가 소목으로 걸쳐오면 위에서 압박하여 외세를 쌓아 중앙을 중시한다. 그러나 포위망이 돌파되면 주체할 수 없이 무너지는 약점이 있다.

기풍진단
보통 고목은 상수가 하수에게 기력의 차이로 횡포를 부리는 상습적인 수단으로 활용되고 있다. 변화가 무척 많아 기력이 달리는 하수는 모든 난해한 변화를 소화할 엄두가 나질 않는다. 다소 손해를 보더라도 알기 쉽게 처리하는 것이 상수의 꾀임에 말려들지 않는 방법이다. 상수의 꾀임에 말려들면 초반에 큰 피해를 입어 전판을 그르칠 경우가 많다.

★ 유단자가 되기 위해서는 앞에서 언급한 모든 혈액형별 특성을 파악하여야 한다.

4 부

문 제 풀 이

‖ 가급적이면 해답을 보지 않고 문제를 푸는 습관을 길러야 한다 ‖

1

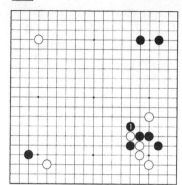

2

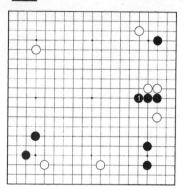

3

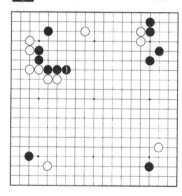

4

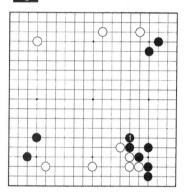

5

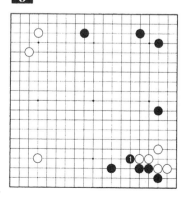

6

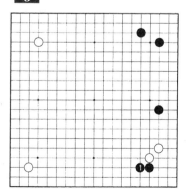

7

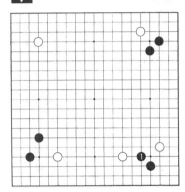

8

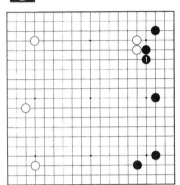

9

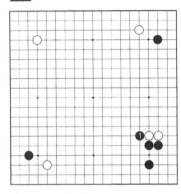

10

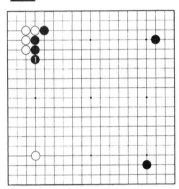

11

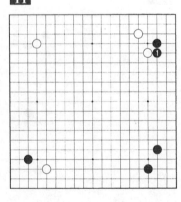

12

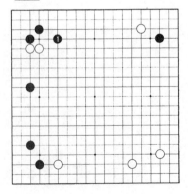

13

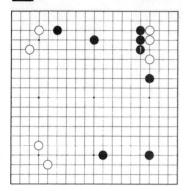

14

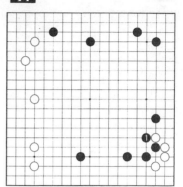

15

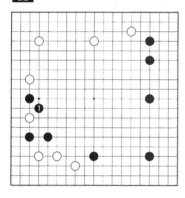

16

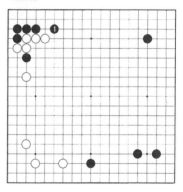

17

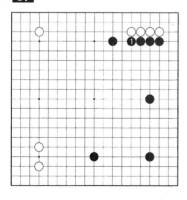

18

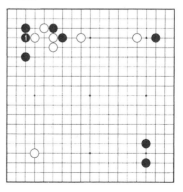

19

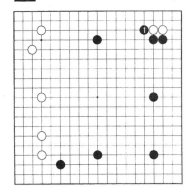

20

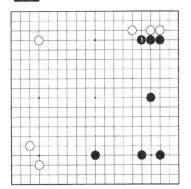

21

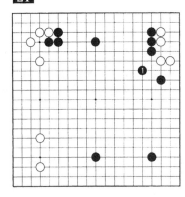

22

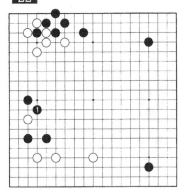

23

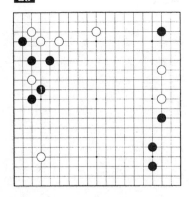

24

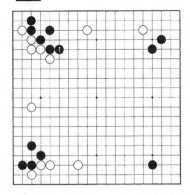

25

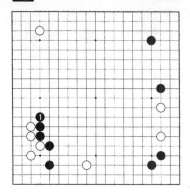

26

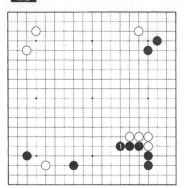

27

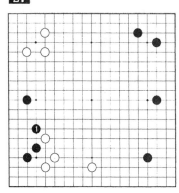

28

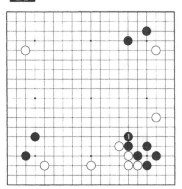

29

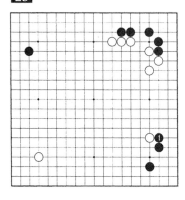

30

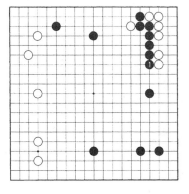

31

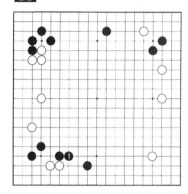

32

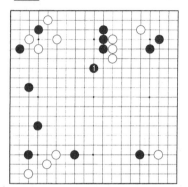

33

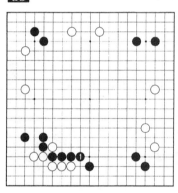

34

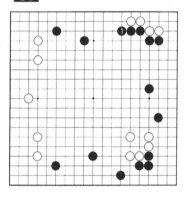

35

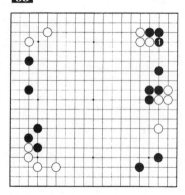

36

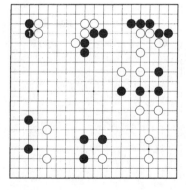

1

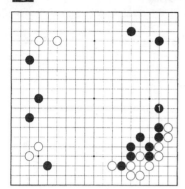

2

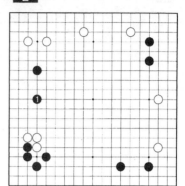

3

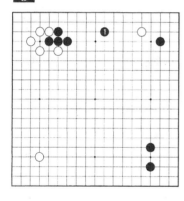

4

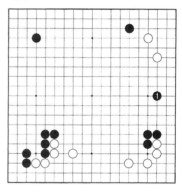

5

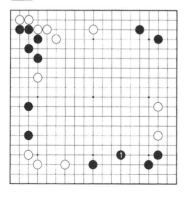

6

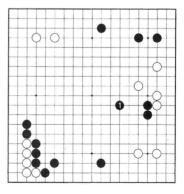

바둑판의 급소

7

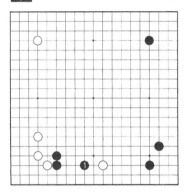

8

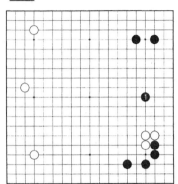

9

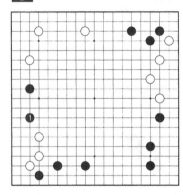

10

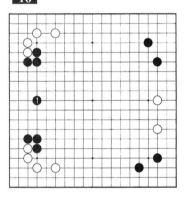

11

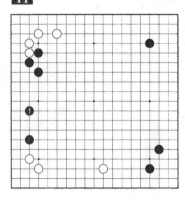

12

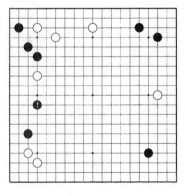

13

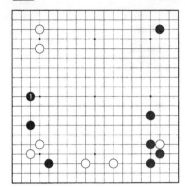

14

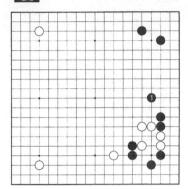

15

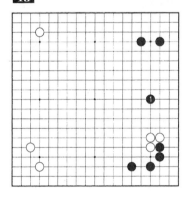

16

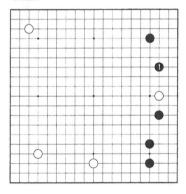

17

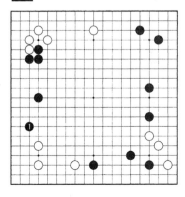

18

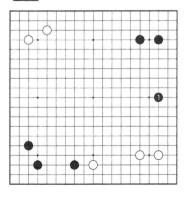

19

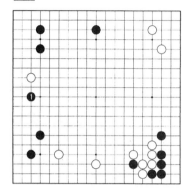

20

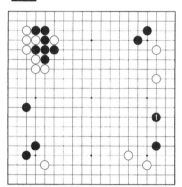

21

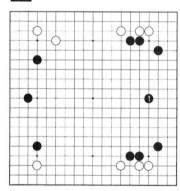

22

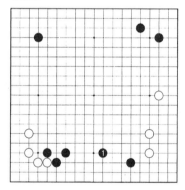

23

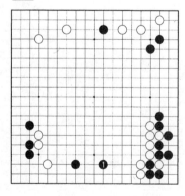

24

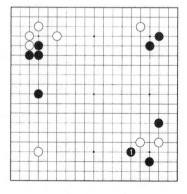

25

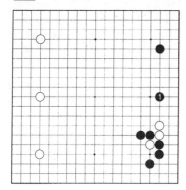

26

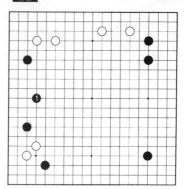

27

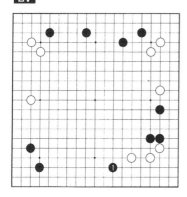

28

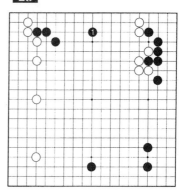

29

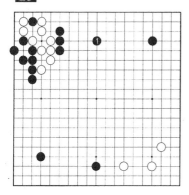

30

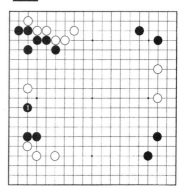

31

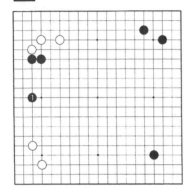

32

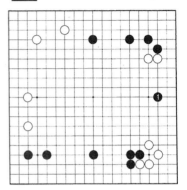

33

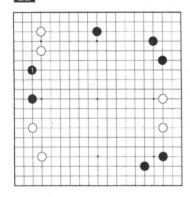

34

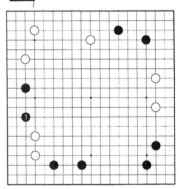

35

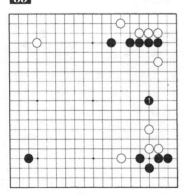

36

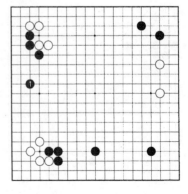

37

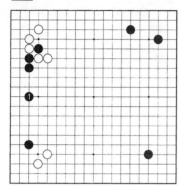

38

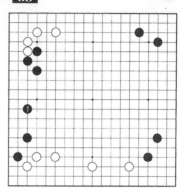

39

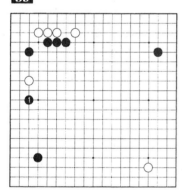

40

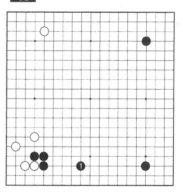

41

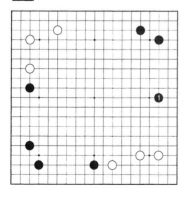

42

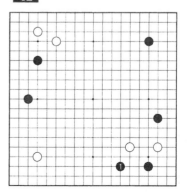

1

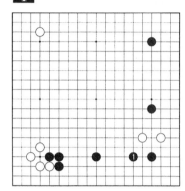

2

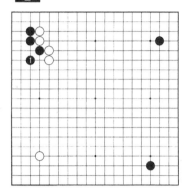

3

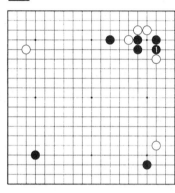

4

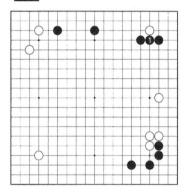

5

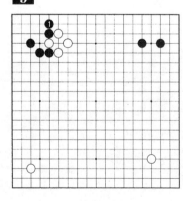

6

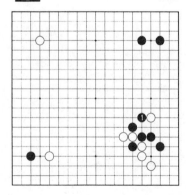

7

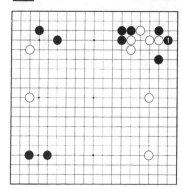

8

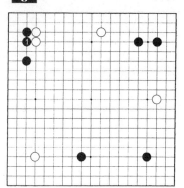

9

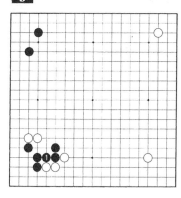

10

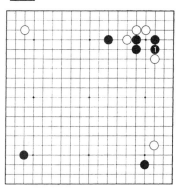

11

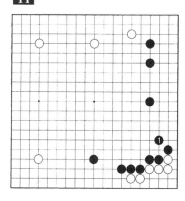

12

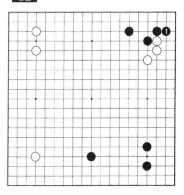

13

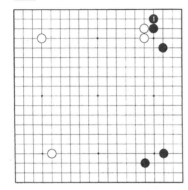

14

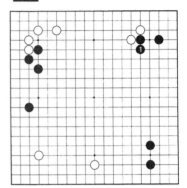

15

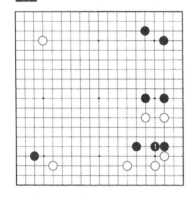

16

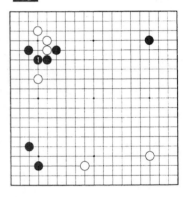

17

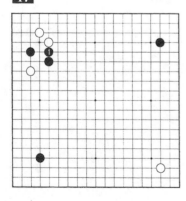

18

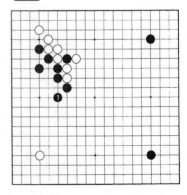

19

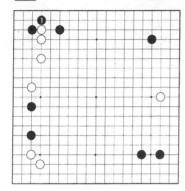

20

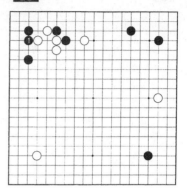

21

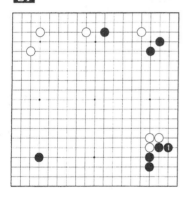

22

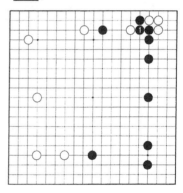

23

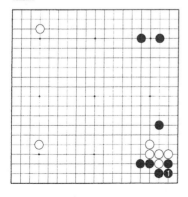

24

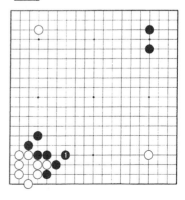

25

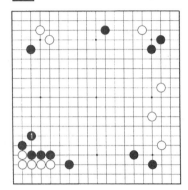

26

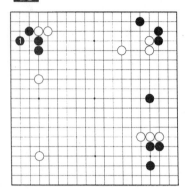

27

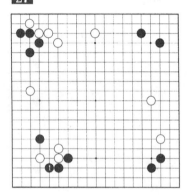

28

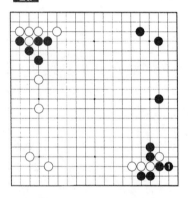

29

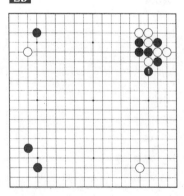

30

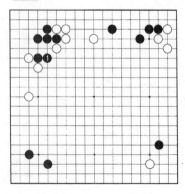

31

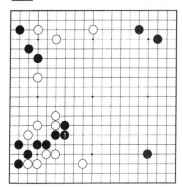

32

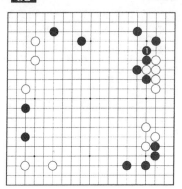

33

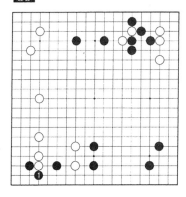

34

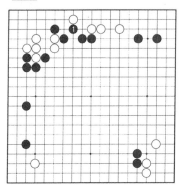

35

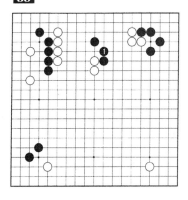

36

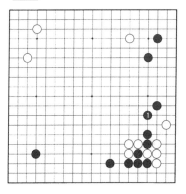

1

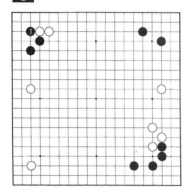

2

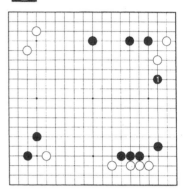

3

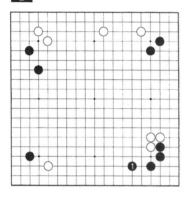

4

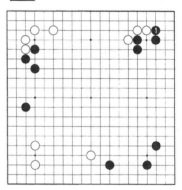

5

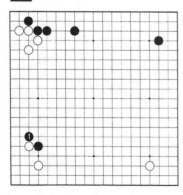

6

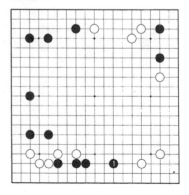

7

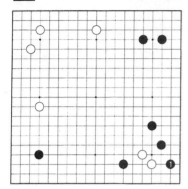

8

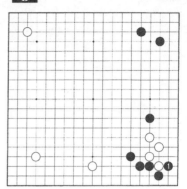

9

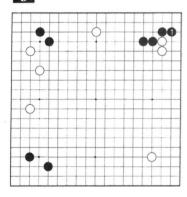

10

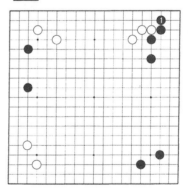

11

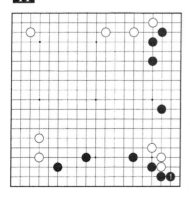

12

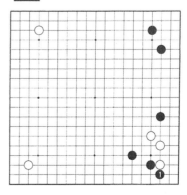

13

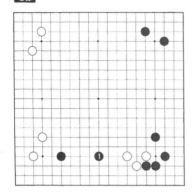

14

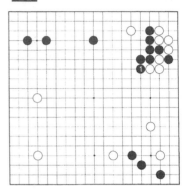

15

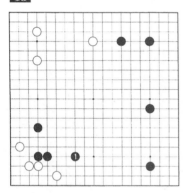

16

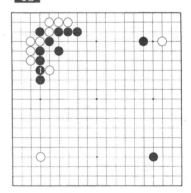

17

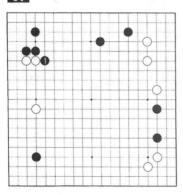

18

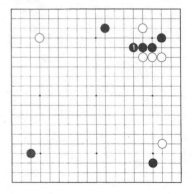

책 속의 보너스

바둑을 두면 머리가 좋아진다

바둑이 지니고 있는 효용과 사고의 방법은 성장기 어린이의 두뇌계발에 좋은 영향을 미치는 것으로 밝혀지고 있다. 인스턴트 시대에 살며 즉흥적 사고방식에 물든 어린이들에게 사고하는 습관을 길러 준다는 것은 무척 중요하다.

바둑은 먼저 보고 두뇌로 생각한 다음 손으로 두는 게임이기 때문에 바둑 돌을 집어 착점하는 순간까지 그 판단하는 바를 거듭하여 확인하는 사이에 사고력이 배양되는 것이다. 따라서 바둑을 두면 주의가 산만하고 덜렁거리는 어린이들도 차분해지게 마련이다. 또한 바둑은 부분적인 이익에 집착하기보다는 전체를 보는 안목이 길러진다. 늘 숲을 보는 종합적인 판단력과 사고력이 있어야 이길 수 있기 때문이다. 바둑은 무에서 유를 창출하는 게임이기 때문이다. 초반에 설계를 하고 중반 건축을 하며 종반 마무리를 하는 것이다. 바둑이 종종 인생살이에 비유되는 이유가 여기에 있다. 바둑을 배웠더니 창의력과 기억력이 월등해지더라는 논리는 이래서 가능하다.

머리가 좋고 나쁘다는 기준엔 기억력이 큰 요인이 된다. 바둑에서는 대국이 끝난 후 복기를 하는 미덕이 있다. 방금 끝이 난 바둑내용을 다시 한 번 놓아 보며 잘못된 점을 따져 보는 것이다. 이른바 축영력(逐影力, 무엇을 한 번 보기만 해도 세부까지 기억하고, 오래 기억하는 능력)을 필요로 하는데, '바둑사고'의 반복훈련으로 바둑이 늘면 그 만큼 축영력이 강해진다. 기억력이 좋아진다는 것이다.

원하는 것이면 무엇이나 척척 해결되는 물질만능의 사회에서 아이들이 자신의 인생조차 마냥 부모에게 의존하려는 경향이 있다. 과잉보호 속에서 자란 아이들의 공통적인 현상이다.

그런 의미에서 그때 그때의 상황에 맞는 최선의 수를 찾아야 하고 자기가 착점한 수에 책임을 지고 깨끗이 승복할 줄 아는 정신을 제일로 삼는 바둑은 어린이들에게 매우 유용한 교육 수단임이 자연적으로 밝혀진다.

바둑 자체가 숫자놀이라 해도 과언이 아닐 정도로 수치와 연관되어 있다. 집을 짓고 계산하는 것도 그것이다. 대체로 어린이가 바둑을 잘 둘수록 사물에 대한 깨우침이 빠르고 자립심이 강하여 조숙한 면을 보이는 것도 이런 까닭이다. 바둑을 접하면 수리개념은 물론이고, 유·불리를 따질 때도 정확한 수치로 환산할 수 있는 능력이 요구되고 있기 때문이다.

실제로 바둑을 두면 포석하는 과정에서 이미지 뇌로 불리우는 오른쪽 뇌가 발달되고 끝내기의 수계산을 통해 논리의 뇌인 왼쪽 뇌가 동시에 발달되어 어린이들의 유연한 사고와 두뇌계발에 바둑이 미치는 효과는 상상을 초월하고 있다. 단, 바둑을 배우는 시기가 언제이며 또 어떻게 배우느냐에 따라 다소의 차이를 보일 수 있다.

바둑 10훈

1. **躁而求勝者 多敗**(조이구승자 다패)
   조급하게 이기려고 하다가 오히려 지는 경우가 많다.

2. **不爭而者保者 多勝**(부쟁이자보자 다승)
   다투려고만 하지 않고 스스로 지키고 조심하다 보면 이기는 경우가 많다.

3. **戰多勝而驕者 基勢退**(전다승이교자 기세퇴)
   싸움에 이겼다 해서 교만을 부리는 자는 곧 그 세가 퇴색하고 약하게 된
   다.

4. **一攻一守 虛虛實實**(일공일수 허허실실)
   병법(병법) 공격은 최대의 수비, 수비는 최대의 공격이란 가르침도 있듯
   한쪽으로 너무 치우치지 말 것이며, 또한 허술한 가운데 실익이 있고 실
   익이 있는 가운데 허술함이 있는 법이기도 한즉, 중용의 도를 지키는 것
   이 중요한 것이다.

5. **有先而後 有後而先**(유선이후 유후이선)
   선수인 줄 알았던 것이 후수가 되기도 하며, 때로는 후수로 보였던 수가
   선수가 되기도 하는 것이니 그때 그때 선, 후수의 의미를 잘 살펴야 한
   다.

6. **兩生勿斷 皆活勿連**(양생물단 개활물연)
   상대의 돌이 양쪽 모두 살아 있는 경우에는 끊어 봤자 득이 없으므로 굳
   이 끊으려 하지 말 것이며, 내 돌이 양쪽 모두 살아 있는 경우에는 연결
   하려고 애쓸 필요가 없다.

7. 不以小利而妨遠略(불이소리이방원략)

작은 이익 때문에 원대한 계략에 차질을 빚어서는 안 된다.

8. 勝固欣然 敗亦可喜(승고흔연 패역가희)

승부에서는 모름지기 이겨야 좋은 것. 따라서 이기는 것은 진실로 즐거운 일이지만, 훌륭한 벗을 만나 수담을 나눌 경우라면 설령 진다 해도 그 또한 기쁜 일이 아니겠는가. 그런 마음의 여유가 있어야 군자가 아니겠는가!

9. 知彼知己 萬古不易(지피지기 만고불역)

상대를 알고 나를 알면 백전백승(百戰百勝), 상대도 모르고 나도 모르면 백전백패(百戰百敗). 그러므로 지피지기(知彼知己)는 만고 불변의 법칙이며 인생을 살아가는 데 꼭 새겨둘 말이다.

10. 勤修精進無限不定(근수정진무한부정)

부지런히 갈고 닦는 데도 끝도 없고 정해진 바도 없으니 쉬지 말고 정진하라는 뜻.

위기구품 (圍碁九品)

바둑 기량의 품격을 아홉 단계로 나누어 각각의 단계에 운치 있는 이름을 부여한 것으로 오늘날에는 프로기사 단위(段位 : 初段 ～ 九段)의 별칭으로 통하고 있다.

기원 후 5세기 초에서 6세기 말에 이르는 약 1백70년간을 중국의 역사에서는 '남북조(南北朝) 시대'라고 한다. 이 무렵 6세기 전반기에 남조의 황금시대를 이룬 사람이 바로 양(梁)나라의 무제(武帝)였다.

양무제는 유학 불교 형이상학 등에 조예가 깊은 학자이기도 했으며 바둑에 관해서도 특기할 업적을 남긴 것으로 전해지고 있는데, 양무제 자신이 직접 명령을 내려 기품(棋品)을 교정시켰던 것도 그 중의 하나이다.

남북조시대 남조의 역사를 기록한 '남사(南史)'를 보면, "바둑을 매우 좋아하고 즐겼던 양무제는 '유운'이라는 신하로 하여금 바둑을 잘 두는 고수들의 기보를 '품정(品定)'토록 했다. 거기에 포함된 고수가 270명이나 되었다."고 한다.

'품정(品定)'이란 많은 기보를 놓고 기풍, 수순, 여량 등을 검토해 일정 수준에 올라 있는 기보를 선별한 후 그것들을 다시 우열에 따라 순위를 매기는 것을 뜻한다. 그런 심사방법을 통해 바둑 고수들의 기품(棋品)을 1품부터 9품까지 9단계로 분류하고 각각의 이름을 붙인 것이 바로 '위기구품(圍碁九品)'으로서 가장 높은 경지가 1품, 가장 낮은 단계가 9품이었다.

오늘날 우리 나라를 비롯해 일본이나 중구에서는 프로기사의 계급 또는 등급을 初段부터 九段까지 하고 있는 것에 반해 대만에서는 지금도 '단' 대신 '품'이라 하면서 순서도 '단(段)'과 거꾸로 우리의 初段을 9품, 九段을 1품으로 하고 있는데, 이는 위에서 소개한 역사적 사실과 무관하지 않은 것으로 보인다.

기예의 단계를 아홉 단계로 나누고 최고의 경지를 九단으로 한 것은, 서양에서는 옛날부터 '12'를 '완전숫자'라고 했던 것처럼, 고래로 동양에서는 '9'

를 '완전한 숫자'로 인식하고 있었기 때문이라는 것이 정설이다.

그래서 오늘날에도 프로기사 '十단'이라는 것은 없다. 일본에는 '十단'이 있다고 잘못 알고 계신 분이 더러 있는데, 일본의 '十단'은 산케이(産經)신문이 주최하는 타이틀 이름일 뿐이다. 일본 바둑계 7대 타이틀 가운데 랭킹 4위이다.

위기구품(圍碁九品)을 열거하면 다음과 같다.

1. 初단(9품) : 수졸(守拙)

즐렬하게나마 이제 겨우 제 한 몸은 지킬 수 있게 된 단계라는 뜻이다. 처음으로 강호에 나와 세상 구경을 하면서 땅 넓은 줄도 알게 되고, 하늘 높은 줄도 알게 되는 시절이다.

2. 二단(8품) : 약우(若愚)

겉으로 보기에는 어리석은 것 같은데, 사실은 그 나름의 생각과 지모(智謀)가 있으며 어느 정도의 기본기도 갖추고 있는 수준이다. 겸허를 배우고 인내를 훈련하는 기간이다. 겸허와 인내는 승부의 기초이다.

3. 三단(7품) : 투력(鬪力)

어느덧 힘이 붙어 싸워야 할 상황에서는 싸울 수가 있게 되었다. 아직 다듬어야 할 부분이 많기는 하지만, 이제는 그렇게 만만한 상대가 아닌 것이다. 용기를 배양하는 과정이다. 실력의 고하를 떠나 결국은 용기있는 자만이 험난한 강호무림에서 살아남는 것이다.

4. 四단(6품) : 소교(小巧)

비로소 소박하게나마 기교를 부릴 수 있게 된 단계이다. 전국을 살피는 안목이 좀 부족하기는 하나 부분적인 처리나 국지전에서는 테크닉을 구사하면서 스스로 바둑의 묘미를 즐길 수 있게 되었다. 시행착오를 거듭하면서 때로 방황하고 좌절하게 되지만, 그런 시련과 아픔을 통해 점점 성숙해진다.

5. 五단(5품) : 용지(用智)

상당히 지혜로워졌다. 큰 이득을 위해서 작은 손해쯤은 감수하는 궁략도 생겼고, 전술의 차원에서 한 걸음 더 나아가 바둑판 전체를 연관시키는 전략을 구상한다. 승부에 대한 왕성한 지적 호기심을 스스로 주체하지 못해 새로운 세계를 향해 모험에 찬 먼 여행을 떠난다.

6. 六단(4품) : 통유(通幽)

바둑의 심오한 세계로 들어갔다. 바둑의 진경(眞境)을 음미할 수 있는 높은 수준에 도달한 것이며 바둑을 통해 그윽한 진리의 세계에서 황홀경을 경험한 단계인 것이다. 사물과 현상의 본질에 접근했고 승부의 요체(要諦)도 터득하게 되었다.

7. 七단(3품) : 구체(具體)

바둑의 기술적인 면을 마스터했을 뿐 아니라 이제는 바둑판 앞에 앉게 되는 순간이라면 언제 어느 때든 마음의 평정을 유지할 수 있게 되었다. 한 판의 바둑을 통해 조화와 중용의 정신을 구현하는 차원 높은 세계로 올라간 것이다. 사람의 노력으로 도달할 수 있는 아마도 마지막 단계일 것이다. 옛날 일본에서는 '상수(上手)'라고 불렀다.

8. 八단(2품) : 좌조(坐照)

여기서부터는 사람의 노력만 갖고는 안 되는 기재(棋才)를 타고난 일부 선택된 사람들만이 도달할 수 있는 그런 경지이다. 가만히 앉아서 척 한 번 보는 것만으로도 이 세상의 온갖 변화, 삼라만상이 생성기멸(生成起滅)하는 우주의 섭리를 내다볼 수 있게 되어 불교식으로 말하자면, 어느 순간 문득 제행무상(諸行無常), 승부의 허무를 깨닫는다. 옛날 식 표현으로는 '준명인(準名人)'이다.

9. 九단(1품) : 입신(入神)

가히 신(神)의 경지인 것이다. 승부의 허무까지를 초월했다. 더 이상 설
명할 필요도 없고 설명할 말도 없다. 이제는 사람의 지혜, 인간의 영역
을 벗어난 세계의 일이기 때문이다. 바둑이 융성하기 시작했던 16~17세
기 일본 막부시대 때는 당대의 최고수를 '명인(名人)'이라고 했다. 그러
니까 한 시대에 '명인'은 한 사람밖에는 존재할 수가 없었던 것이다. 오
늘날로 말하자면 한 시대에 한 사람에게만 九단을 인정했던 셈이다.

바둑 처음 배우기 〔초급.중급〕

2016년 8월 20일 2판 1쇄 발행

지은이 ＊ 이상범
펴낸이 ＊ 남병덕
펴낸곳 ＊ 전원문화사
07689 서울시 강서구 화곡로 43가길 30. 2층
        T.02) 6735-2100 F.6735-2103
E-mail ＊ jwonbook@naver.com
등록 : 1999년 11월 16일 제 1999-053호

잘못된 책은 바꾸어 드립니다.